호주 워킹홀리데이 팩트체크

◇ 당신은 언제나 옳습니다. 그대의 삶을 응원합니다. — 라의눈 출판그룹

호주 워킹홀리데이 팩트체크

초판 1쇄 2017년 10월 27일
　　2쇄 2020년 4월 10일

지은이 강태호
사진 서지홍
펴낸이 설응도　편집주간 안은주
영업책임 민경업

펴낸곳 라의눈

출판등록 2014년 1월 13일(제2014-000011호)
주소 서울시 강남구 테헤란로 78 길 14-12(대치동)동영빌딩 4층
전화 02-466-1283　팩스 02-466-1301

문의 (e-mail)
편집 editor@eyeofra.co.kr
마케팅 marketing@eyeofra.co.kr
경영지원 management@eyeofra.co.kr

ISBN : 979-11-86039-95-3 13980

이 책의 저작권은 저자와 출판사에 있습니다.
저작권법에 따라 보호를 받는 저작물이므로 무단전재와 복제를 금합니다.
이 책 내용의 일부 또는 전부를 이용하려면 반드시 저작권자와 출판사의 서면 허락을 받아야 합니다.
잘못 만들어진 책은 구입처에서 교환해드립니다.

수많은 워홀러들의 인생을 바꾼
독설가 강태호의

호주 워킹홀리데이

강태호 지음 | 서지홍 사진

머 리 말

1년간의 쓰디썼던 호주 워홀러로서의 생활, 그리고 2년 6개월간의 유학컨설턴트로서의 삶. 그리고 두 권의 책······.

호주워홀에 관한 나의 첫 번째 책 《호주 워킹 홀리데이 완전정복-열정만으로 떠나지 마라》는 그야말로 '개고생' 워홀 스토리를 담은 책이었습니다. 2005년 10월부터 2006년 9월까지의 호주워홀 경험은, 그동안 인터넷을 통해 봐왔던 아름다움의 대명사, 평화로움의 대명사 호주가 실제로는 많이 다르다는 것을 깨닫게 해주었습니다. 더구나 워홀 기간 동안 돈은 돈대로 날리고 저처럼 죽을 고생만 하고 돌아오는 워홀러들이 10명 중 8명이라는 사실은 가히 충격적이었습니다. 그러나 귀국해서 만난 사람들은, 제가 호주로 가기 전에 그랬듯이 호주워홀에 대한 희망과 열정으로만 가득 찬 현실을 냉정하게 보지 못하고 있었습니다.

이러면 안 된다는 생각이 들었습니다. 사람들이 막연한 환상으로 열정만 가지고 떠나면 졸지에 사회에서 받아들이지 못하는 인물이 될 것이라는 생각이 들었습니다. 아니 확신이 들었습니다. 왜냐하면 저는 호주에서의 1년 동안 그런 사람을 숱하게 봐왔기 때문입니다.

마침내 저는 책을 쓰기로 했습니다. 차마 부끄러운 일이지만, 내 감추고 싶은 실패담을 쓰기로 했습니다. 그렇게 책이 출간되자 예상 밖의 호응이 있었습니다. 단 한 명에게라도 나의 이야기를 들려주어 나 같은 실수를 하지 않기를 바라는 마음으로 쓴 책이었는데 매우 많은 분들이 읽어주셨고, 또 책을 읽으신 많은 독자들이 저의 책을 통해 호주워홀이 자기 인생의 터닝포인트가 되었다는 이야기를 해주셨습니다.

그중에서 가장 기억나는 사람은 지방대 출신의 4학년 졸업반 남학생이었습니다. 지금 생각해보면 그는 당시 너무 열정만을 앞세운 것 같다고 했습니다. 그런데 책표지를 보는 순간, 자신을 격렬하게 나무라는 것처럼 느꼈다는 것입니다. "열정만으로 떠나지 마라!" 책을 다 읽은 후 그는 무작정 가기로 한 일정을 모두 미루고 영어공부에 매진해 애초의 일정보다 6개월 정도 지난 뒤에 호주워홀을 갔습니다. 그리고 그는 돌아온 뒤 대기업에 입사하게 되었습니다.

물론 듣기 좋은 의견만 있었던 것은 아닙니다. 일부 사람들은 유학원 직원이 책을 써서 학생들을 윽박지르고 겁먹게 한 뒤 영어학교에 등록하게 한다는 글도 있었습니다. 참 마음이 아팠습니다. 밤잠을 설칠 정도로 말입니다.

제가 유학원 입사를 결심하게 된 것은 호주워홀을 가는 사람들에게 달콤한 이야기만이 아닌, 호주의 숨겨진 진실을 알려주고 싶었기 때문입니다. 실제로 보통 유학원에서는 나쁜 이야기를 배제하는 경우가 많습니다. 유학원이라는 곳은 아무래도 호주로 많은 사람들이 갈수록 좋은 곳입니다. 따라서 호주의 안 좋은 면은 웬만하면 말하지 않습니다. 호주워홀에 실패한 사람의 이야기는 의지가 약한 사람의 이야기로 폄하해버리고 좋은 이야기만 해주는 것이 기존 유학원의 모습이었습니다.

저는 그런 차원에서 보면 '독설가' 였습니다. 몇몇 분들이 저의 이야기에 거부반응을 보인 것은 사실이었지만, 그보다는 저로 인해 성공할 수 있었다는 이야기가 대부분이어서 매우 기뻤습니다. 그러나 시간이 갈수록 유학원 상담사로 일하면서 번번이 한계에 부딪치는 게 느껴졌습니다. 더 유익한 이야기를 해주고 싶은데 유학원 직원으로서 해줄 수 없는 이야기가 있었던 것입니다. 그래서 유학원을 그만두었습니다. 그리고 이제 더욱 홀가분한 마음으로 두 번째 책을 여러분께 내놓습니다.

첫 번째 책이 저의 생생한 체험을 바탕으로 아무도 알려주지 않았던 호주워홀러들의 적나라한 이야기와 "열정만으로 떠나지 마라"는 간곡한 메시지를 담고 있다면, 두 번째 책 《호주 워킹홀리데이 팩트체크》는 워홀을 직접 체험한 경험에다가 2년 6개월간 컨설턴트로 일하면서 수많은 워홀러들을 컨설팅했던 전문가적 지식과 노하우가 결합된 본격 정보서입니다.

호주워홀을 준비하는 사람들이 가장 궁금해하는 질문을 뽑아, 경험자로서 또 컨설턴트로서 친절하고 꼼꼼하게 답변을 달았습니다. 워홀을 준비하면서 생기는 질문의 대부분은 이 책으로 해결할 수 있을 것입니다. 또한 질문과 답 형식을 택했으나 상황별로 묶어, 워홀에 대해 전혀 지식이 없는 사람들도 순차적으로 읽어나가면 호주워홀에 대한 전반적인 정보를 알 수 있도록 구성하였습니다.

이 책에서 가장 중점을 둔 부분은, 어떤 책에도 없는 '호주를 다녀온 워홀러들이 충고하는 독설' 입니다. 그러니까 이 책은 대부분의 질문에 대해 '답'과 '독설'이 함께 실려 있는데, '답'은 질문에 충실한 '모범답안'이며, '독설'은 호주를 다녀온 워홀러들이 말하는 일종의 '충고'입니다. 즉, 호주 워홀러들이 꼭 알아야 할 질문과 답, 호주를 다녀온 워홀러들의 충고가 한 세트를 이루며 어디서도 들을 수 없는 현실감 있고 충실한 정보를 제공하고 있는 것입니다.

그리고 이 책에서 두 번 다시는 실리지 않았으면 하는 내용 '워홀러들이 사기당하는 유형 5가지'입니다. 호주 내 한국인이 한국인을 믿지 말라는 이야기가 더 이상 안 들리기를 희망했습니다. 하지만 2011년 5월 2일 세컨드 비자로 다시 호주를 온 저에게 그 이야기는 호주 내 가장 많이 듣는 조언이 되어 있었습니다. 되레 예전보다 더 조직적으로 한국인이 한국인을 이용하는 모습이 눈에 띄었습니다.

그러기에 개정판을 씀에 있어 더 이상 한국인들끼리 이런 식으로 사기치고 당하지 않았으면 하는 바람으로 글을 적었습니다. 누군가는 이 글을 적는 저에게 판도라의 상자를 여는 것 아니냐 걱정합니다. 그리고 이런 식으로 돈을 벌 수 있다는 것을 알고 더더욱 사기 치는 사람들이 극성하지 않을까 우려하는 목소리가 많습니다. 저도 이 글을 쓰면서 걱정이 많이 되었습니다. 하지만 그런 행위를 하는 사람들이 있더라도 그들이 최소한 도덕적 윤리를 가지고 자신의 행위가 부끄럽다고 느끼게 하는 것 자체만으로도 큰 효과라 여겨 글을 적기로 마음을 먹었습니다.

또한 이번 개정판에서는 호주영주권에 대한 전반적인 내용을 많이 담도록 노력하였습니다. 호주가 좋아 한국을 떠나는 것이 아니라 한국이 싫어 호주영주권 취득이 꿈이 되어버린 사람들이 많아지고 있고, 그에 따른 사기 사건들이 많아지고 있는 현실 때문입니다.

마지막으로 이 책에서 만날 수 있는 '10인의 체험담'에서는 2005년 10월 당시 저와 함께 생활했던 친구들의 농장체험담부터 아직까지 현재진행형으로 워홀생활을 하고 있는 학생들의 이야기가 다양한 친구들의 체험담이 담겨 있습니다.

어떤 학생은 자신이 처음에 가졌던 초심을 잃어버리는 것에 대해 고백하기도 했고, 어떤 학생은 자신이 꼭 성공해야 된다는 주문을 외우면서 자신을 채찍질한다는 이야기도 있습니다. 모두 호주워홀의 실제 삶의 모습입니다.
책을 쓰면서 계속 생각했던 제 바람은, 이 책이 가본 적도 없으면서 막연히 호주가 좋다는 소문만 듣고 호주워홀과 호주이민을 생각한 사람들에게 깨달음의 비수가 되었으면 하는 것이었습니다. 실제 제가 2년 6개월간 유학컨설팅 일을 하면서 만나온 사람은 수천 명에 이릅니다. 그런데 안타깝게도 대부분의 사람들이 진지한 현실인식을 가지기보다는 호주가 좋다는 소문에 이끌려 워홀 혹은 이민을 생각하는 사람들이었습니다. 그런 분들에게 제가 이 책에서 하고 싶은 이야기는, 호주를 경험한 후 너무 좋아서 가시라는 것입니다. 호주가 좋아서 이민을 준비하는 사람이 많지만, 실상은 역이민도 많다는 것을 아시나요? 막연하게 호주가 좋다는 이유로, 복지가 좋다는 이유로 호주이민을 선택했지만 함께 삼겹살의 소주를 기울일 친구가 없는 호주가 싫어서, 아웅다웅 살지만 그래도 인간냄새가 나는 한국으로 다시 역이민을 온다는 것입니다. 하지만 사람들은 그런 이야기를 듣지 않습니다.
이번 개정판을 준비하는 기간 동안 2013년 11월 반은지 양 살해사건, 호주달러 직거래를 하다 같은 한국인에게 살해되었던 사건이 일어났습니다. 그 사건으로 한순간에 지상낙원이었던 호주는 백호주의에 사람 살 곳 못 된다는 식의 여론이 형성되었습니다. 마치 찍혔다는 느낌을 받을 정도로 호주 사회의 문제점을 물고 늘어졌습니다. 호주가 지상낙원이라고 찬양하는 여론도 그렇지만 무조건 호주는 범죄인이 만든 나라라는 비난도 잘못되었습니다. 어느 나라든 좋은 점이 있고, 안 좋은 점이 있는데 현재 우리는 극단으로 호주 정보를 얻고 있습니다. 실제로 사건이 일어난 후 호주 워킹홀리데이로 가는 인원이 30% 정도 줄었다고 합니다. 줄어드는 현상이 선택의 폭이 많아져 다른 나라 워킹홀리데이를 선택했기 때문에 줄어든 것이라면 좋겠지만 호주는 위험하기 때문에 포기했다는 것이 문제입니다. 그런 상황이니 2005년 처음 호주를 갔던 당시에 느꼈던 문제점이 개선되지 않고 더 악화되고 있는 형국입니다. 지금 현재도 호주워킹에 관한 정보는 제대로 알지 못한 채 인터넷 검색란을 통해 달콤한 호주워킹 정보만 습득하고 있는 학생들이 많습니다.

실제로 한 해 평균적으로 워홀러들이 10명이나 사망하고 200여 건의 크고 작은 사고가 일어나고 있습니다. 그것이 바로 아무것도 모른 채 막연히 열정만으로 떠나게 된 결과입니다. 이 책은 무작정 열정만 있으면 성공할 것이라는 안일한 현실인식을 가진 사람에게 쓴 약이 될 책입니다.

고마운 사람들 Thank To

이 책이 출간되기까지 저와 함께 호주에서 고생했던 장정태, 이찬혁, 유기웅, 박성철, 김명훈, 서종민, 정성훈, 이인호, 이지훈, 이혜원, 최철영 등에게 감사합니다. 그리고 호주 내 살아있는 정보를 제공해준 Trevor, Roslyn, Rachel, Dieudonne, Berry, Juliang, Robin, Jonn, Bas, Greg-maur Hughes, Kane, Pratik, Nors 감사합니다.

그리고 정신적으로 힘을 주셨던 대진대 교수님들 감사드립니다. 항시 외국에 나간다며 잠을 설치며 막내아들 성공을 기원하던 아버지, 어머니 그리고 형과 형수님 그리고 사랑스런 조카 시우에게 감사의 말을 남깁니다.

머리말 6

출국 전 꼭 알아둘 것 — Part 1

1	워킹홀리데이 비자는 무엇인가요?	26
	호주워킹홀리데이에 관한 독설	왜 워킹홀리데이인가?	27
2	영어를 어느 정도 공부하고 가는 것이 좋을까요?	28
	호주워킹홀리데이에 관한 독설	혹시, 지금 호주에서 사용할 영어회화를 달달 외우고 있지는 않은가?	29
3	호주에 가기 전, 영어공부는 어떤 식으로 해야 될까요?	30
	호주워킹홀리데이에 관한 독설	호주 가면 영어가 되나요?	31
4	호주워킹, 초기 자본금은 어느 정도 드나요?	32
	호주워킹홀리데이에 관한 독설	영어공부에 미쳐본 적 있는가?	33
5	학교등록, 가장 저렴할 때가 언제인가요?	34
6	학교는 유학원을 통해서만 갈 수 있나요?	36
	호주워킹홀리데이에 관한 독설	호주워홀은 자신이 가는 것이다	37
7	호주워홀 가는데 굳이 보험을 들어야 되나요?	38
	호주워킹홀리데이에 관한 독설	자신은 아닐 거라는 생각은 하지 말자!	39
8	국제운전면허증은 어떻게 만드나요?	40
	호주워킹홀리데이에 관한 독설	호주 내 국제운전면허증은 더 이상 필요 없다!	41
9	호주워홀을 가는 좋은 시기는 언제일까요?	42
	호주워킹홀리데이에 관한 독설	비자받기 쉬워서 호주로 가는 것은 아닐까?	43
10	국제학생증을 발급받는 것이 좋을까요?	44
	호주워킹홀리데이에 관한 독설	국제학생증은 필수카드가 아니다!	45

11	헬스폼 신청을 잘못했습니다. 정정메일을 어떻게 보내야 되나요?	46
	호주워킹홀리데이에 관한 독설 | 괜찮아! 5만 원짜리라도 괜찮아!	47
12	신체검사 지정병원 리스트 주소와 연락처를 알려주세요!	48
	호주워킹홀리데이에 관한 독설 | 아무 병원에서나 신체검사 받으면 된다고 생각하는 학생들?	49

출국준비 Part 2

13	처음 호주 갈 때 어떻게 환전을 하면 되나요?	52
	호주워킹홀리데이에 관한 독설 | 환율의 추이를 체크하지 않는 학생들	53
14	호주달러 직거래를 하려고 합니다. 무엇을 따져봐야 하나요?	54
	호주워킹홀리데이에 관한 독설 | 직거래가 가장 싸다고 생각하지 마라	55
15	호주의 겨울이 춥다고 들었습니다. 두꺼운 겨울옷 필요한가요?	56
	호주워킹홀리데이에 관한 독설 | 호주로 이민 가시나요?	57
16	한국에서 호주로 송금하는 법을 알려주세요.	58
	호주워킹홀리데이에 관한 독설 | 귀찮다고 다 환전해가는 학생들	59

출국하기 Part 3

17	수하물을 분실했습니다. 어떻게 대처해야 하나요?	62
	호주워킹홀리데이에 관한 독설 | 경유할 때 짐을 찾으려는 사람들	63
18	편도로 호주워홀 갈 수 있나요?	64
	호주워킹홀리데이에 관한 독설 | 왜 호주를 2년이나 가는가?	65
19	호주항공권은 어디에서 끊어야 저렴한가요?	66
	호주워킹홀리데이에 관한 독설 | 에어아시아가 호주워킹을 망하게 만든다?	67

비자
Part 4

20 신체검사를 먼저 받아야 되나요? 워홀비자를 먼저 신청해야 하나요? 70
  호주워킹홀리데이에 관한 독설 | 왜 신체검사 5만 원짜리를 받는 공부기간이 71
  4주 이하에서 12주 이하로 바뀌었을까?

21 호주는 세컨드 비자가 있다는데 그것이 뭔가요? 72
  호주워킹홀리데이에 관한 독설 | 왜 사람들은 농장 일만이 세컨드 비자 연장이 73
  가능한 직업으로 알고 있는가?

22 워홀비자를 신청하면 언제 승인이 나오나요? 74
  호주워킹홀리데이에 관한 독설 | 워홀비자가 안 나와요. 영작 좀 해주세요! 75

23 호주워킹비자가 만 35세까지로 바뀐다는데, 만 34살인 저도 갈 수 있나요? 76
  호주워킹홀리데이에 관한 독설 | 호주워홀은 군대처럼 의무가 아니다 77

24 워홀비자 승인이 나지 않은 상태로 호주에 가게 되면 문제가 되나요? 78
  호주워킹홀리데이에 관한 독설 | 승인되면 바로 한국을 떠나겠다는 사람들 79

25 워홀비자로 호주에 있다가 제3국으로 갈 수 있나요? 80
  호주워킹홀리데이에 관한 독설 | 출석률 80%를 넘기지 못하는 학생들 81

26 신용불량자도 워홀비자를 받을 수 있나요? 82
  호주워킹홀리데이에 관한 독설 | 범죄인도 아무런 제지 없이 갈 수 있는 호주워홀비자 82

27 워홀비자를 실수로 두 번 결제했습니다. 환불신청은 어떻게 해야 되나요? 84
  호주워킹홀리데이에 관한 독설 | 두 번 결제한 금액은 포기하는 게 편하다? 86

28 학생비자가 나을까요? 워홀비자가 나을까요? 88

29 1263폼을 못 받았습니다. 그러면 비자연장 못하는 건가요? 90
  호주워킹홀리데이에 관한 독설 | 서류를 챙기지 못했다고 세컨드 비자를 포기하는 사람 91

호주에서의 생활 Part 5

- **30** 호주 내 숙소의 정의를 알려주세요. — 94
  호주워킹홀리데이에 관한 독설 | 홈스테이 하면 점심 싸주나요? 빨래해주나요? — 96
- **31** 홈스테이를 할 때 주의해야 할 것이 있나요? — 98
  호주워킹홀리데이에 관한 독설 | 로마에 가면 로마법을 따르라! — 100
- **32** 홈스테이가 좋을까요? 셰어가 좋을까요? — 101
  호주워킹홀리데이에 관한 독설 | 한국에서 외국인 셰어 못 구하나요? — 102
- **33** 호주 사람들의 발음이 안 좋다면서요? — 104
  호주워킹홀리데이에 관한 독설 | 자신에게 면죄부를 주지 마라 — 105
- **34** 홈스테이 가족들에게 줄 선물은 어떤 것이 있을까요? — 106
  호주워킹홀리데이에 관한 독설 | 누구는 손님으로, 누구는 가족으로! — 107
- **35** 호주 국경일은 어떻게 되나요? — 108
  호주워킹홀리데이에 관한 독설 | 호주 국경일에 일만 하는 사람들 — 110
- **36** 호주에는 백호주의가 있다는데 위험하지는 않을까요? — 112
  호주워킹홀리데이에 관한 독설 | 한국인 많은 곳에는 인심이 안 좋다! — 113
- **37** 호주인의 주식은 뭔가요? — 114
  호주워킹홀리데이에 관한 독설 | 호주에 왔으면 호주인 식단에 맞추자 — 115
- **38** 베드버그가 뭔가요? — 117
  호주워킹홀리데이에 관한 독설 | 베드버그에 물리는 것도 추억이 될까? — 117
- **39** 호주의 은행 계좌는 어떻게 여나요? — 118
  호주워킹홀리데이에 관한 독설 | 호주에 가서 응석받이가 되지 마라 — 119
- **40** 호주에서 운전면허 공증을 받을 수 있나요? — 120
  호주워킹홀리데이에 관한 독설 | 자동차 정비 자격증이 있는데 공증을 받으면 취업하는 데 도움이 되나요? — 121
- **41** 싱글룸, 더블룸 등 셰어 용어 좀 알려주세요. — 122
  호주워킹홀리데이에 관한 독설 | 거실 셰어, 베란다 셰어를 들어봤는가? — 123
- **42** 호주 현지에서 여권은 어떻게 연장해야 하나요? — 124
  호주워킹홀리데이에 관한 독설 | 여권 신상정보 바꾸고 워홀 가는 학생들 — 125

43	호주 중고차 구입요령을 알려주세요.	126
	호주워킹홀리데이에 관한 독설 | RWC를 불법 거래하는 한국 사람들	127
44	호주 병원은 한국 병원과 어떻게 다른가요?	128
	호주워킹홀리데이에 관한 독설 | 술 먹다 앰뷸런스로 끌려간 사람들	129
45	텍스파일 어떻게 신청하나요?	130
	호주워킹홀리데이에 관한 독설 | 무지한 것이 죄다	131
46	호주환경 자원봉사를 하고 싶습니다. CVA에 대해서 알려주세요.	132
	호주워킹홀리데이에 관한 독설 | 기본적인 회화가 가능해야 자원봉사도 한다	133
47	호주도 우리나라처럼 대형마트가 있나요?	134
48	호주는 슈퍼마켓에서 술을 안 파나요?	136
49	쇼핑을 할 때 홈브랜드 제품하고 REDUCE 제품을 이용하라던데, 그게 뭔가요?	138
50	버스, 지하철에서 물건을 분실했다면 어떻게 해야 하나요?	142

호주에서의 취업　　　　　　　　　　　　　　Part 6

51	호주 시드니에는 일자리가 많나요?	146
	호주워킹홀리데이에 관한 독설 | 한국인을 믿지 마라	147
52	바리스타 자격증은 어떻게 취득하나요?	148
	호주워킹홀리데이에 관한 독설 | 워킹홀리데이 패키지가 생겨나는 이유	149
53	RSA가 있으면 취업에 도움이 된다는데 RSA가 뭔가요?	150
	호주워킹홀리데이에 관한 독설 | RSA 따면 100퍼센트 취업되나요?	151
54	화이트카드가 뭔가요?	152
	호주워킹홀리데이에 관한 독설 | 막노동을 하더라도 화이트카드를 따고 해라	153
55	세컨드 비자가 가능한 일자리의 종류를 알려주세요.	154
	호주워킹홀리데이에 관한 독설 | 한국에서 3D인 일이 왜 외국에서는 낭만이 되는 것일까?	156

56	미용사 자격증이 있는데 호주에서는 어느 정도의 페이를 받나요?	158
	호주워킹홀리데이에 관한 독설 | 호주인들도 실업에 시달린다	159
57	농장에서 일하면 돈을 많이 벌 수 있나요?	160
	호주워킹홀리데이에 관한 독설 | 농장 신들의 진실을 아시나요?	161
58	영문이력서는 어떻게 작성하나요?	162
	호주워킹홀리데이에 관한 독설 | 영문이력서를 100통 이상 보내지 않았다면 당신은 일을 하려는 열정이 부족한 것이다	164
59	농장정보를 알려주세요.	166
	호주워킹홀리데이에 관한 독설 | 왜 호주인데 한글로 구인광고가 나올까?	167

호주에서의 학업   Part 7

60	호주학교 영어레벨은 어떻게 되나요?	170
	호주워킹홀리데이에 관한 독설 | 토익은 900점인데 레벨은 PRE-INTER	172
61	호주학교는 사설학교가 낫나요? 대학부설이 낫나요?	174
	호주워킹홀리데이에 관한 독설 | 좋은 학교? 나쁜 학교? 비싼 학교? 저렴한 학교?	176
62	호주 8대 대학이 뭔가요?	178
	호주워킹홀리데이에 관한 독설 | 8대 대학은 경험해봐야 하지 않을까?	179
63	관광비자로 공부와 일이 가능한가요?	180
	호주워킹홀리데이에 관한 독설 | 관광비자로 가서도 일을 하는 사람들	181

호주 주요지역의 특성   Part 8

64	시드니는 어떤 곳인가요?	184
	호주워킹홀리데이에 관한 독설 ㅣ 시드니가 수도인 줄 아는 사람들	186
65	멜버른의 전반적인 특징을 알려주세요.	188
	호주워킹홀리데이에 관한 독설 ㅣ 관광할 때의 호주, 공부할 때의 호주, 일할 때의 호주	190
66	브리즈번은 어떤 곳인지 궁금해요.	192
	호주워킹홀리데이에 관한 독설 ㅣ 리틀 코리아, 브리즈번	194
67	애들레이드의 전반적인 특징을 알려주세요.	196
	호주워킹홀리데이에 관한 독설 ㅣ 고시원에 들어간다고 다 공부하나?	198
68	퍼스에 대해 전반적으로 알려주세요.	200
	호주워킹홀리데이에 관한 독설 ㅣ 외지이기에 도전하기를 꺼리는 사람들	202
69	호주수도 캔버라는 어떤가요?	204
	호주워킹홀리데이에 관한 독설 ㅣ 한 나라의 수도는 보고 오자	205
70	타즈매니아에 대해 전반적으로 알려주세요.	206
	호주워킹홀리데이에 관한 독설 ㅣ 국내선 타기를 겁내는 사람들	208
71	다윈에 대해서 전반적으로 알려주세요.	210
	호주워킹홀리데이에 관한 독설 ㅣ 한국인 없는 곳으로만 가겠다는 사람들	212

입국 후/기타   Part 9

72	지금 필리핀에서 워홀을 준비중입니다. 필리핀에서 바로 호주워홀 갈 수 있나요?	216
	호주워킹홀리데이에 관한 독설 ㅣ 한국에서만 신청 가능한 것이 아니지만…	217
73	필리핀 연계연수는 어떻게 가야 될까요?	218
	호주워킹홀리데이에 관한 독설 ㅣ 성인이 되어도 스파르타 교육을 원하는 실태	220
74	1년간의 워킹홀리데이의 성공과 실패를 뭐라고 생각하나요?	222
	호주워킹홀리데이에 관한 독설 ㅣ 빌게이츠가 호주워홀을 간다면 무조건 가라고 말한다	224

75	여행자 환급제도가 무엇인가요?	226
	호주워킹홀리데이에 관한 독설 | 여행자 환급제도 자체를 모르는 사람들	228
76	세금 환급은 어떻게 하나요?	230
	호주워킹홀리데이에 관한 독설 | 캐시잡 해놓고 택스리턴 어떻게 하느냐고 물어보는 학생들	232
77	호주은행 계좌를 안 닫고 왔습니다. 어떻게 해야 되나요?	234
	호주워킹홀리데이에 관한 독설 | 어차피 호주엔 다시 안 갈 건데, 뭐!	235
78	호주 이동전화 서비스에 관해 알려주세요.	236
	호주워킹홀리데이에 관한 독설 | 호주 시골외곽 가면서 OPTUS 개통하는 사람들	238
79	TFN와 ABN넘버의 차이는 뭔가요?	240
	호주워킹홀리데이에 관한 독설 | 왜 고용주가 ABN넘버를 요구할까?	241
80	일자리 찾는 데 도움 될 수 있는 사이트 알려주세요.	242
	호주워킹홀리데이에 관한 독설 | 브로커들에게 욕을 하기 전 자신의 열정부족을 반성하라	243
81	호주공장 페이가 그렇게 센가요?	244
	호주워킹홀리데이에 관한 독설 | 캥거루를 사랑했던 청년. 호주워킹 후 캥거루를 거들떠보지 않는 이유!	245
82	울워쓰 청소는 어떤 식으로 일을 하나요?	246
	호주워킹홀리데이에 관한 독설 | 돈 버는 것이 목적이면서 편한 일만 찾으려 하는 사람들	247
83	캐시잡으로 일을 하던 중 다쳤습니다. 어떻게 해야 되나요?	248
	호주워킹홀리데이에 관한 독설 | 심하게 다치고 병원비 무서워 응급실 가지 못하는 학생들	250
84	워킹홀리데이 협정국가가 계속 늘어난다는데 사실인가요?	252

호주워킹홀리데이 쓴소리 12   Part 10

85	호주 내 영어 못하는 동양인은 6순위라는 말을 들었습니다. 그게 무슨 의미인가요?	256
86	호주워홀 1년을 갔다 오면 어느 정도의 영어실력을 갖추게 될까요?	258
87	호주워홀 성공이야기는 왜 이렇게 없을까?	260

88	한국여성을 KFC라고 하던데 그 뜻이 뭔가요?	262
89	여행은 순간을 즐기는 것이 아니라 과정을 즐기는 것이다!	264
90	호주에서는 외국인 친구를 어떻게 사귀어야 하나요?	266
91	카지노에 가면 음료수를 공짜로 제공한다는데 사실인가요?	268
92	100퍼센트 취업알선이 가능하다는 인턴십이 있는데 가는 게 좋을까요?	270
93	아이엘츠(IELTS) 5.5 되는 사람만 호주워홀이 가능하다는 이야기가 들리던데 그것이 사실인가요?	272
94	호주워킹으로 와서 영어정복할 수 있을까요?	274
95	호주교민들끼리 공유하는 정보는 워홀러들은 잘 모른다. 그 이유는?	276
96	호주워킹 오기 전 채용박람회를 갔다 와라.	278

호주워홀러들이 사기 당하는 유형 5 | Part 11

1. EXPIRE DAY를 항상 확인하라 282 | 2. 바로 일을 시작할 수 있는 농장은 거의 없다 283 | 3. 중고차는 왜 항상 급 귀국세일까? 285 | 4. 집 렌트비용이 비싸서 베란다 셰어도 받는다? 287 | 5. 수수료를 내면 호주취업 그리고 영주권이 가능하다? 290

내가 경험한 호주워킹홀리데이 체험담 10 | Part 12

농장생활은 블랙홀이다 294 | 영어실력이 성공과 실패를 좌우한다 297 | 워홀에서 G.O.D를 기억하라 300 | 호주로 워킹홀리데이를 간다는 것 303 | 자신의 목표가 뭔지 정하고 가라 305 | 선택과 집중의 힘을 발휘하자 307 | 세 가지를 머릿속에 간직하고 살아라 310 | 영어공부 이렇게 하세요 313 | 목표를 가지고 매사에 도전하자 315 | 준비된 자에게 기회의 창이 열린다 317

호주이민 준비되어 있는가?   Part 13

호주 내 차별금지법을 아는가? 322 | 벽난로의 낭만 그리고 전기세의 공포 324 | 여행의 설렘 그리고 현실 326 | 7월 1일 그리고 영주권학과 328 | 호주이민 사기에 대처하는 방법? 330 | 호주가 행복한 이유? 한국이 불행한 이유? 332 | 30년의 한국생활 그리고 이방인의 삶 334

워킹홀리데이 비자 완전분석   부록

1 호주워킹홀리데이로 영어정복이 가능하다? 338 | 2 호주취업 절대 불가능한 일이 아니다? 339 | 3 호주워킹홀리데이로 돈을 벌겠다? 340 | 4 왜 유독 호주 내 한국인에 의한 사건이 일어나는가? 341 | 5 워킹비자 신청하는 순간부터 우리는 거짓을 말하고 있다? 342 | 6 호주워킹 생활 중 꼭 알아둬야 할 긴급연락처 343

출국 전 꼭 알아둘 것

영어실력이 뛰어나면 짧게는 한 달 혹은 두 달 정도만 어학원을 다니고 일자리를 구하면 되기 때문에 초기자본금이 적게 들 수밖에 없다. 그러나 영어실력이 안 되는 사람은 워홀비자로 공부할 수 있는 최대 17주까지 공부를 해야 되므로 돈이 많이 든다 할 수 있다.

1

1
워킹홀리데이 비자는 무엇인가요?

워킹홀리데이 비자란 'WORK+HOLIDAY'라는 의미의 비자로서 일하면서 여행할 수 있는 비자를 말한다. 흔히 '취업관광비자'라고도 불리며, 젊은이들에게 상대국의 문화 및 생활양식 전반에 대한 보다 깊은 이해의 기회를 제공하기 위해 일정 기간 휴가를 보내는 것을 주된 목적으로 하고 있다. 현재 한국과 워킹홀리데이를 체결하고 있는 나라는 호주, 캐나다, 뉴질랜드, 네덜란드, 대만, 덴마크, 독일, 벨기에, 스웨덴, 아일랜드, 영국(YMS), 오스트리아, 이스라엘, 이탈리아, 일본, 체코, 포르투갈, 프랑스, 헝가리, 홍콩, 칠레까지 21개국이다.

호주워킹홀리데이 비자의 특징
❶ 만 18세에서 30세까지 신청 가능하다.
❷ 해당국에 대해 평생 1회 발급혜택이 주어진다.
❸ 합법적으로 노동권을 보장받으며 현지에서 일을 할 수 있다.
❹ 비자 발급 이후 12개월 이내에 해당국에 입국하여야 한다.
❺ 체류 기간 중 총 17주까지 어학연수가 가능하다.
❻ 한 고용주 밑에서 최장 6개월까지 근무가 가능하며 인력이 부족한 특정 지역에서 농업, 건설 및 광업 등에 88일 이상 종사한

경우에는 1년 비자 연장이 가능하다.

신청방법

❶ 호주 이민성 사이트에 접속해서 온라인으로 신청한다.
❷ 유효한 여권
❸ 신용카드(해외에서 사용 가능한 비자카드나 마스터카드)
❹ 신청비는 현재 호주 440불이다. (매년 6개월에서 1년 사이로 비자비가 정해진다.)
❺ 신청 후 헬스폼을 다운받아 지정 병원에서 신체검사를 받는다.
❻ 승인절차: 문제가 없으면 대개 2주 내에 비자가 승인된다.

호주워킹홀리데이에 관한 독설
왜 워킹홀리데이인가?

호주워홀 비자의 본래 특성은 생각도 하지 않고, 영어 공부만을 위해 호주워킹홀리데이를 가려는 사람들이 많다. 하지만 10명 중 8명은 영어 정복은 고사하고 돈은 돈대로 날리고 고생만 죽도록 하고 돌아온다. 이유가 무엇일까? 일단 비자 특성을 알아보자.

호주 비자는 크게 세 가지로 나뉜다.

❶ 관광비자: HOLIDAY VISA
❷ 학생비자: STUDENT VISA
❸ 워킹홀리데이 비자: WORKING HOLIDAY VISA

영문명을 보면 알겠지만 워킹홀리데이 비자는 공부를 위한 비자가 아니다. 일하면서 휴가를 즐기는 목적의 비자다. 즉, 영어가 되는 사람이 그 영어 실력을 밑천 삼아 일을 구하고, 그렇게 일해서 번 돈을 가지고 여행을 즐기는 비자인 것이다. 하지만 그런 특성을 모르고 자신의 영어 실력은 생각도 않은 채 무작정 워킹홀리데이의 문을 두드린 사람들은 나중에 깨닫게 된다. 인간의 사회활동에 가장 중요한 역할을 하는 언어가 안 되는 사람에게는 호주워킹홀리데이 역시 매력적일 수 없다는 사실을……

2
영어를 어느 정도 공부하고 가는 것이 좋을까요?

영어, 어느 정도 해야 호주에서 살아남을 수 있을까? 토익점수로 몇 점이라고 할 수도 없다. 제일 중요한 건 대화 능력이기 때문이다. 그렇다면 답이 나온다. 한마디로 말해 영어에 막힘이 없어야 한다. 즉, 외국인 친구 사귀기 모임 같은 곳에 가서 일상 영어로 1분 정도는 막힘없이 말할 수 있는 수준이 됐음을 확인한 후에 호주로 가는 것이 좋다.

그리고 문법이라면 우리나라가 가장 잘 가르친다. 네이티브 스피커도 우리나라 토익시험에서 만점을 받기는 힘들다. 우리나라 사람이 국어시험에서 만점을 받기 어려운 것과 마찬가지다. 문법은 그래머인유즈 중급을 볼 수 있는 정도로 마스터해야 하며, 말하기는 1분 이상 막힘없이 자기 얘기를 할 수 있어야 한다. 그래야 호주에서 성공할 수 있다.

한마디로 말해 영어에 막힘이 없어야 한다.
즉, 외국인 친구 사귀기 모임 같은 곳에 가서 일상 영어로 1분 정도는 막힘없이 말할 수 있는 수준이 됐음을 확인한 후에 호주로 가는 것이 좋다.

호주워킹홀리데이에 관한 독설
혹시, 지금 호주에서 사용할 영어회화를 달달 외우고 있지는 않은가?

"How are you?" "Fine thank you." 식으로 문법공식 외우듯 영어회화를 익히는 사람이라면 호주에서 살아남기 힘들다.

다소 변칙적인 대화까지 할 수 있어야 호주에서 살아남을 수 있다. 많은 학생들이 그냥 외우면 영어회화가 될 거라고 믿는 모양인데 정말 잘못된 생각이다. 호주 사람들은 영어회화 책에 나오는 외국인처럼 말하지 않는다. 상황에 맞춰서 대화할 수 있는 실력을 갖춰야 한다.

혹시나 지금 현재 호주에서 유용하게 쓰인다고 주장하는 책의 영어회화를 달달 외우고 있지는 않은가? 언어는 외워서 되는 것이 아니다. 그때그때의 상황과 자신의 감정에 맞게 술술 나와야 하는 것이다.

3
호주에 가기 전, 영어공부는 어떤 식으로 해야 될까요?

GRAMMAR IN USE 정복하기

호주학교에서 쓰이고 있는 영어교재의 바이블 같은 책이다. 호주학교 레벨 테스트 문제의 대부분의 예제가 이 ≪GRAMMAR IN USE≫ 책에서 나온다. 주의할 것은 영국판으로 공부해야 한다는 것이며, 한글로 번역된 교재보다는 영어로만 쓰인 책이 공부하기 쉽다. 책은 수준별로 빨간색(초급), 파란색(중급), 녹색(고급)으로 나눠져 있다. 초급자는 호주로 가기 전에 빨간 책을 반드시 정복해야 되며, 영어수준이 어느 정도 되는 사람은 파란 책을 정복하고 가는 것이 좋다.

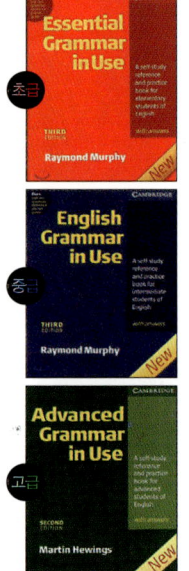

미국드라마 정복하기

왕좌의 게임, 워킹데드, 프렌즈, 심슨 등의 미국드라마를 보면서 실생활에서 나오는 영어를 익혀두는 것이 좋다. 성우가 더빙한 것이 아닌 원어로 된 것을 직접 듣는 것이 중요하며, 영어자막을 켜고 보면 리스닝과 함께 리딩 향상에도 큰 도움을 받을 수 있다. 여기에서 중요한 것은 본인 수준에 맞는 미국드라마를 보는 것이 좋다. 알아듣지 못하면서 미국드라마를 원어로 듣는 것 자체가 영어공부라 생각하고 공부하는 것은 시간낭비다.

회화학원 및 외국인 친구사귀기 모임

호주로 떠나기 전에 외국인 울렁증을 없애야 된다. 그러기에 외국인과 일상대화를 연습할 수 있는 영어회화 학원이나 외국인들과 교류하며 사귈 수 있는 외국인 친구 사귀기 모임 같은 곳에 참석하는 것이 좋다.

영어일기 쓰기

다들 알면서도 실천에 못 옮기는 것 중의 하나다. 호주에 가기 전부터 영어일기를 쓰고, 가서도 하루를 정리하는 영어일기를 써보자. 쓰면 쓸수록 느는 것이 영어다. 처음에는 짧은 문장 하나 만드는 데 1시간 이상이 걸릴 수도 있다. 하지만 그 다음에는 30분, 20분…… 점점 시간이 줄어드는 영어정복의 쾌감을 느끼게 될 것이다.

호주워킹홀리데이에 관한 독설
호주 가면 영어가 되나요?

"가기 전에 무슨 공부하세요?"
"친구들 만나기 바빠요. 계속 술 약속이 있는데, 언제 책을 보겠어요."
호주로 떠나기 전 많은 사람들의 모습이다. 그들은 영어공부를 할 의지 자체가 없어 보인다. 영어정복을 목표로 떠나는 호주 워홀러들임에도 영어공부 계획표 자체가 없다. 호주에 가기만 하면 영어는 당연히 또 자연스럽게 늘 것이라 생각하기 때문이다. 영어권 나라이니 영어를 쓰지 않으면 안 될 것이고, 그러다 보면 자연스럽게 서바이벌 영어가 는다고 생각하는 것이다. 하지만 호주워홀을 갔다 온 대부분의 사람들이 후배들에게 꼭 충고하는 것이 있다.
"한국에서 충분히 영어공부를 하고 가라."
하지만 아무도 그 이유를 모르는 채 호주로 간다. 그리고 후회한다.
혹시 당신은 지금 호주로 워킹홀리데이를 떠나기로 결정하고 나서 친구와의 술 약속을 잡고 있지는 않은가? 그런 행동이 바로 호주워홀 실패의 첫걸음이다.

4
호주워킹, 초기 자본금은 어느 정도 드나요?

호주워킹을 가는 사람들이 가장 궁금해하는 질문이다. 답은 본인이 가장 잘 알고 있다. '본인의 영어실력이 얼마나 되는가?'를 자문해보면 된다. 그리고 호주인 고용주의 입장에서 생각해보자. 만약 '본인을 고용할 것이 틀림없다'는 답이 나온다면 당신은 비행기 표만 들고 가도 자신 있게 이력서를 돌리면서 일을 구할 수 있다. 하지만 영어 구사능력이 뛰어나지 않은 사람들은 영어부터 배워야 하기 때문에 초기자본금이 많이 든다. 통상적으로 어학원 비용과 용돈 포함, 홈스테이를 한다고 가정할 경우 환율 900원으로 계산해서 한 달에 200만 원 정도 든다고 생각하면 된다.

영어실력이 좋으면 한두 달 정도만 어학원을 다니고도 일을 구하는 것이 가능하니 초기자본금이 적게 들 수밖에 없고, 영어실력이 모자라는 사람은 워홀비자로 공부할 수 있는 최대 17주까지 공부를 해야 할 수도 있으니 돈이 많이 들 수밖에 없다.

어떤 이는 300만 원으로도 충분하고,
어떤 사람은 800만 원도 모자르다고 한다.
둘의 차이는 영어실력의 차이다.

호주워킹홀리데이에 관한 독설
영어공부에 미쳐본 적 있는가?

"돈이 얼마나 필요한가요? 워홀을 갈 때 300만 원 정도면 충분하다는 친구들도 있고, 어떤 사람은 비행기표 빼고 800만 원 정도 들고 가라는 사람도 있던데…… 어떤 것이 맞는 거죠?"

솔직히 다 맞는 이야기다. 어떤 이는 300만 원을 들고 가도 충분하다고 하고, 어떤 이는 800만 원을 들고 가도 부족하다고 이야기한다. 어느 쪽이 맞는가는 그 사람의 영어실력에 달려 있다.

영국은 우리나라 다음으로 호주워홀을 많이 가는 나라다. 그러면 영국 사람들은 과연 어느 정도의 자본금을 들고 갈까? 그 사람들은 그냥 비행기표와 한 달 정도의 초기 정착 기간에 필요한 비용만 들고 간다. 왜냐하면 영어가 되기 때문이다. 하지만 우리나라 사람은 영어가 안 된다. 그래서 돈이 많이 드는 것이다.

지금 혹시 호주워홀이 돈이 많이 드는 것 같다고 푸념하고 있는가? 그 푸념은 자기 얼굴에 침 뱉기이다. 호주워홀을 결정했다면 영어에 한번 미쳐봐라. 호주라는 곳이 언어가 되지 않는 동양인을 반겨줄 사회는 절대로 아니니까 말이다.

5
학교등록, 가장 저렴할 때가 언제인가요?

매년 3월 말에서 9월 말까지 서울 코엑스, 부산 벡스코에서 유학박람회가 열린다. 대부분의 호주학교 관계자는 물론 미국, 영국 등 전 세계의 유학관계자들이 오며, 그 행사와 연계해서 여러 가지 사은 행사를 한다.

과거에는 학교등록을 생각하는 사람들에게 가장 저렴하게 알려진 행사가 유학박람회였지만 현재는 대부분의 유학원이 자체 박람회를 수시로 해 봄, 가을 열리는 코엑스 벡스코 유학박람회의 권위가 유명무실해졌다. 실제적으로 참여하는 유학원의 수도 점차 줄어들고 있다. 그런 측면에서 유학박람회 기간에 학교등록을 할 때가 가장 저렴하다고 말하는 것은 옛이야기다.

학교등록을 하고자 하는 사람은 본인이 원하는 학교에 대한 스페셜 혜택을 여러 유학원을 통해서 알아보고 많은 혜택을 주는 유학원을 선택하는 것이 중요하다. 그렇다고 해서 무조건 저렴하게 해준다는 유학원만을 선택해서는 안 된다. 실제로 최저가 유학비용을 미끼로 유학사기에 당하는 사람들의 수가 매년 수십 명에 이른다.

6
학교는 유학원을 통해서만 갈 수 있나요?

많은 학생들이 유학원을 통하면 돈이 많이 든다고 생각한다. 사실 그 생각은 잘못된 것이다. 호주의 학교들은 개인과 거래를 하지 않는다. 유학원은 정확한 학교정보를 알려주고 그에 따른 마케팅 비용을 호주학교로부터 받는다. 유학원이 돈을 빨아먹는 흡혈귀 집단인 것처럼 오해하는 경우가 많은데 대부분 그렇지 않다.

그러나 유학원 역시 영리를 추구하는 사업체라는 것은 어느 정도 인정해줘야 한다. 간혹 유학원을 통해서 학교에 가면 비싸다는 이야기가 들리는 것은 유학원들끼리 과열경쟁을 하기 때문이다.

유학원끼리 경쟁이 치열해지다 보니 조금 더 저렴하게 해주겠다며 학생들을 유혹하는 유학원도 있는데, 실제로 그런 식으로 해놓고는 학생들에게 사고가 나도 책임을 지지 않는 경우가 종종 있다. 저렴한 학비를 내세우는 유학원을 통해 아무 사전검증 없이 싸다는 생각만 하고 갔다가 손해 보는 유학원 사기 사건이 바로 그것이다. 호주교육청에서는 그런 식으로 가격덤핑을 하는 곳을 신고하도록 하고 있다.

 호주의 학교들은 개인과 거래를 하지 않는다.
유학원은 정확한 학교정보를 알려주고
그에 따른 마케팅비용을 호주학교로부터 받는다.

호주워킹홀리데이에 관한 독설
호주워홀은 자신이 가는 것이다

호주워킹을 떠나는 사람은 다른 누구도 아니고 자기 자신임을 잊지 말라. 저렴한 가격이라는 감언이설에 넘어가지 말고, 여러 유학원을 비교해봐서 꼼꼼히 컨설팅을 해주는 믿을 수 있는 유학원을 선택해야 한다.

그리고 유학원에서 선호하는 학교들이 간혹 있다. 학생들을 많이 보내면 학교와 유학원 사이에 공생관계가 생기게 되고, 그런 경우 유학원에서는 특정 학교를 고집하게 된다. 그러니 유학원에 전적으로 맡기지 말고 본인이 직접 학교 홈페이지에 들어가서 그 학교에 대한 사전정보를 어느 정도는 가진 상태에서 학교를 선택하는 것이 좋다.

그리고 할인 프로모션 기간을 활용하여 저렴한 금액으로 학교에 등록할 수 있도록 하자. 참고로 너무 큰 프로모션이 있는 학교에는 학생들이 많이 몰려서 한국학생들이 절반을 넘는 경우도 많다. 따라서 본인이 어느 정도 미리 학교를 선정하고 할인 프로모션 기간에 등록하는 것이 가장 좋다.

7
호주워홀 가는데 굳이 보험을 들어야 되나요?

호주워킹에 대한 1년 보험료는 상품에 따라 적게는 20만 원 미만부터 많게는 30만 원 후반대의 워킹홀리데이 보험이 있다. 그러다 보니 돈을 조금이라도 아끼자는 차원에서 보험을 들지 않는 경우가 많다. 하지만 호주에서는 가벼운 사고가 은근히 많이 일어난다. 필자도 호주에 있으면서 크고 작은 사고를 목격한 것만 5건이 넘는다. 자신의 의지와는 무관하게 상대편 부주의로 인한 사고도 있었고, 운전대가 오른쪽에 있다 보니 익숙하지 않아 가벼운 접촉사고도 있었다. 보험은 말 그대로 큰 사고를 대비하기 위함이다. 근래에는 싸고 저렴하게 나온 워홀보험도 많으니 잘 살펴보고 보험가입 후에 떠날 것을 권한다.

호주워킹홀리데이에 관한 독설
자신은 아닐 거라는 생각은 하지 말자!

보험에 들지 않은 학생들이 사고가 난 뒤 공통적으로 하는 이야기는 자신은 절대로 사고가 안 날 줄 알았다는 것이다. 사고를 예측할 수 있다면 보험에 가입할 사람은 별로 없을 것이다. 다 예방을 하기 위해 워홀보험을 드는 것이다. 실제로 필자가 호주에 있을 때 갑자기 맹장수술을 하게 된 사람이 있었다. 다행히도 그 사람은 보험을 들어두었기에 나중에 돈을 환급받을 수 있었다.

하지만 그와 반대로 교통사고가 났던 한 친구는 보험을 들지 않아서 1,000만 원가량의 수술비를 자기 돈으로 다 감당해야 했다. 1년의 워홀 생활이 그대로 종지부를 찍게 된 것이다.

호주워홀 준비를 위한 예산 책정에 있어서 워홀보험은 필수항목 중 하나로 체크하기를 바란다.

호주워홀 준비에서 보험가입은 필수다. 미래에 일어날지 모르는 큰 사고에 대비하는 것이 보험인 만큼 아까워하지 말고 꼭 가입하자.

8
국제운전면허증은 어떻게 만드나요?

국제운전면허증이란 도로교통에 관한 국제협약에 의거하여 일시적으로 외국여행을 할 때 운전할 수 있도록 발급되는 운전면허증을 말한다. 국제운전면허증을 만드는 방법은 다음과 같다.

구비서류	본인 신청 시: 여권, 운전면허증, 여권용 사진 또는 칼라반명함판 1매 대리인 신청 시: 여권 또는 출입국사실증명서, 운전면허증, 여권용 사진 또는 칼라반명함판 1매, 대리인 신분증, 위임장(대리 신청은 해외체류자가 출국일로 1년이 경과되지 않는 경우만 가능)
신청장소	전국운전면허시험장 또는 각급 지정 경찰서
수수료	8,500원
소요시간	30분 이내
유효기간	발급일로부터 1년
운전가능국가	한국에서 발급받은 국제운전면허증으로 제네바 가입국에서 운전 가능

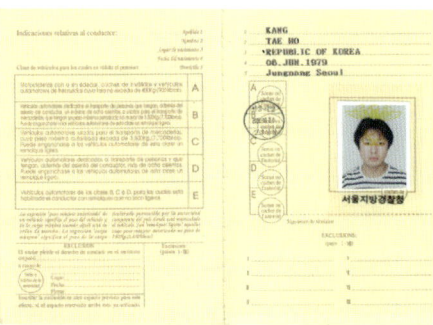

호주워킹홀리데이에 관한 독설
호주 내 국제운전면허증은 더 이상 필요 없다!

전 세계 어느 나라로 가든지 국제운전면허증을 따가지고 가는 것은 좋다. 신분증 대용으로 쓰이기도 하고 1년 동안 운전이 가능하기 때문이다. 하지만 호주워킹을 준비하는 사람이라면 이 정보는 잘못된 정보다.

호주 주재 한국대사관은 호주 도로교통국과 운전면허증 교환제도를 시행하기로 합의했고 2013년 2월 28일부터는 호주전역에서 우리나라 운전면허증을 사용할 수 있게 되었다. 이에 따라 우리나라 운전면허증을 가진 25세 이상 국민은 호주에서 별도의 운전면허증을 따지 않아도 현지 면허증을 발급받아 사용할 수 있게 되었다. 현재는 NSW주를 제외한 모든 지역에서 시행되고 있으며, NSW주 역시 2월 28일부터 시행하기로 되어 있다.

호주 정보를 모른다면, 적은 돈이지만 국제운전면허증 발급에 쓰이는 돈을 낭비하는 격이다.

9
호주워홀을 가는 좋은 시기는 언제일까요?

호주워홀 같은 경우는 만 30세 이하의 건강한 사람이라면 언제든 갈 수 있다. 그래서 다른 나라로 가는 워홀의 경우 대학생들이 많이 가는 방학시기인 7~8월, 1~2월 정도가 성수기라 할 수 있다. 그러나 이때는 한국학생들이 워낙 많아서 좋은 시기가 아니라고 할 수도 있다.

하지만 호주워킹비자의 경우는 대학생뿐만 아니라 직장을 그만두고 가는 사람들도 많아서 딱히 어느 시기가 좋다고 이야기할 수가 없다. 즉, 다른 나라와는 다르게 딱히 좋은 시기가 있는 것이 아니니 본인의 계획에 맞춰 가는 것이 최상이다.

철저한 준비만이 워홀에서 성공하는 유일한 방법이다.
워홀이 인생의 터닝포인트가 될 수 있도록 최선을 다하자.

호주워킹홀리데이에 관한 독설
비자받기 쉬워서 호주로 가는 것은 아닐까?

현재 워홀협정 및 청년교류제도를 체결한 나라는 호주, 캐나다, 뉴질랜드, 일본, 프랑스, 독일, 대만, 스웨덴, 아일랜드, 덴마크, 홍콩, 체코, 오스트리아, 영국, 헝가리, 포르투갈, 네덜란드, 이탈리아, 이스라엘, 벨기에, 칠레 총 21개국이다. 앞으로도 계속해서 워홀비자를 체결하는 나라는 늘어날 것이다. 하지만 호주워홀비자만의 독특한 점은 어떠한 제약도 없다는 것이다. 다른 나라의 경우 선착순 개념으로 끊거나, 인터뷰를 통해서 적합한 사람을 뽑거나 하지만 호주워홀비자는 전혀 그런 것이 없다. 그래서 다른 나라의 경우 한국인이 없거나 적은 시기가 있다. 하지만 호주워홀비자는 전혀 그렇지 않다. 대학생들도 많이 가지만 직장을 그만두고 1년 정도 어학연수를 한다는 개념으로 가는 사람들도 많기 때문이다.

그러다 보니 호주워홀의 경우 다른 나라에 가는 것과는 다르게 철저한 준비 없이 떠나는 사람들이 많다. 비자를 받기 쉽기 때문이다. 실제로 미국, 캐나다, 뉴질랜드 비자에서 떨어지고 호주비자를 선택하는 사람들이 아주 많다. 그들은 결국 실패하는 경우가 많다. 이미 다른 나라에 초점을 맞추어서 정보를 수집했고 막연히 호주도 같을 것이라 생각할 가능성이 많기 때문이다.

지금, 다른 나라 비자를 생각하다 떨어진 사람들에게 말해주고 싶다. 호주는 꿩 대신 닭 개념으로 가는 곳이 아니다. 인생의 터닝포인트로 삼을 1년을 너무 쉽게 생각하지 말아야 할 것이다.

10
국제학생증을 발급받는 것이 좋을까요?

국제학생증은 여권을 대신하는 신분증으로 많이 이용된다. 장거리 버스나 유스호스텔, 영화관 등을 이용할 때 할인혜택이 있기 때문에 학생들이 많이 구입해서 가져간다. 금액은 2017년 기준으로 유효기간 6개월 11,000원, 1년 17,000원 정도로 저렴하다.

그런데 생각보다 호주에서는 그 용도가 많지 않다. 유럽 같은 경우는 배낭여행객들이 많기 때문에 장거리 버스나 유스호스텔을 많이 이용하지만, 호주 같은 경우는 국제학생증을 발급받고도 별로 이용하지 못한 채 그냥 들고 오는 경우가 허다하다.

국제학생증을 이용해서 호주에서 할인이 되는 것들은 아래 사이트에서 검색해볼 수 있다.

http://isic.co.kr/coisic/discountList.jsp?countrynm=Australia

호주워킹홀리데이에 관한 독설
국제학생증은 필수카드가 아니다!

"국제학생증이 유용하다고 들었어요. 버스를 이용할 때나 영화관에서도 할인이 된다고 하고, 비용도 적게 들어서 구입하려고 해요."

많은 학생들이 이와 같은 이유로 국제학생증을 발급해 가지고 간다. 하지만 대개는 호주에서 충분히 사용하지 못하고 돌아온다. 대부분의 경우 교통비 할인은 장거리 이동에만 해당된다. 즉, 도시와 도시 간을 이동할 때나 할인이 된다는 것이다. 도시 내에서 트레인이나 버스를 이용할 때는 할인혜택이 없다. 그래도 도시와 도시를 이동할 때 할인받으면 되지 않겠느냐고 하는 사람들이 많지만, 호주에서의 도시 간 이동이라는 것은 우리나라에서처럼 서울에서 부산 정도의 거리가 아니다. 12시간 이상 트레인과 버스를 타야 된다는 말이다.

호주에서 대부분의 사람들은 국내 저가항공을 이용해 도시를 이동하지 12시간이 넘는 버스여행이나 기차여행을 하지 않는다. 용도를 충분히 따져보고 구입해야 할 것이다.

11
헬스폼 신청을 잘못했습니다.
정정메일을 어떻게 보내야 되나요?

학생들이 간혹 e-visa 신청 과정에서 공부하려는 사람임에도 불구하고 5만 원짜리 헬스폼을 신청하는 경우가 있다. 그런 경우 넘어가지 말고 정정메일을 보내줘야 한다.

Dear Sir or Madam,

I applied working holiday visa by 2017, and I made mistake which is this question.

"During your proposed stay in Australia, do you intend to be in a classroom situation fo more than (12) weeks?"

I checked "NO" but I have plan to intend to be in a classroom situation fo more than (12) weeks in Australia, therefore please change my answer from "NO" to "YES"

Let me know what will I do or what is going to be.

Have a wonderful day and I look forward to hearing from you soon.

Here are my detail;

TRN DE******** (영문숫자 조합 10자리)
Date of Birth 여권상 생년월일
Passport Number 여권번호
Country Korea, South
E-mail 한메일을 제외한 다른 이메일 주소

Regards
보내는 곳 : eVisa.WHM.Helpdesk@immi.gov.au

호주는 불법을 굉장히 싫어하며,
불법을 저지른 사실이 밝혀지면 반드시 응분의 대가를 치러야 한다.
지키라고 만들어놓은 법은 지키자.

호주워킹홀리데이에 관한 독설
괜찮아! 5만 원짜리라도 괜찮아!

"신체검사 5만 원짜리를 받고도 호주 가면 다 공부하고 그런다던데 굳이 15만 원짜리 안 해도 괜찮죠? 괜히 돈 아깝잖아요?"

사실 5만 원짜리로 해도 무방하다. 그러나 그것은 일단 불법이다. 불법이라기보다 편법이다. 호주워홀로 공부하는 사람들은 학교에 기록이 남지 않는다. 학생비자는 입학허가서가 나오고, 학생정보가 대사관에 접수되고, 호주교육청에 기록이 남지만 워홀로 가서 공부하는 학생은 어떠한 서류도 남지 않는다. 그렇기 때문에 몇 주를 공부했는지 확인할 방법이 없다.

더군다나 호주는 알다시피 교육과 관광으로 먹고 산다고 이야기할 정도로 교육과 관광산업이 국가재정에서 차지하는 비중이 높다. 그러니 호주에서 공부를 한다는 것은 말 그대로 그들에게 수입이 되는 것이다. 그래서 실제로 알면서도 눈감아주는 측면도 있다.

하지만 호주라는 나라는 불법을 굉장히 싫어하며, 불법을 저지른 사실이 밝혀지면 반드시 응분의 대가를 치러야 하는 곳이 호주다. 그러기에 누군가 신고를 한다면 큰 문제가 될 소지가 있는 것이다.

공부를 하지 않는 사람은 5만 원, 13주 이상 공부를 하는 학생에게는 15만 원짜리로 나눠놓은 것은 법이다. 그에 대해 편법을 쓰지 마라. 법은 지키라고 만든 것이지, 그것을 자신에게 유리하게 교묘하게 이용하라고 만든 것이 아니다.

12
신체검사 지정병원 리스트 주소와 연락처를 알려주세요!

신체검사 지정병원 리스트는 2014년 현재 서울지정 4병원 부산지정 1병원 토탈 5병원이다.

서울지정병원

신촌 연세세브란스 병원 |
주 소 서울시 서대문구 신촌동 134 전화번호 02-2228-5808

삼육서울병원 |
주 소 서울시 동대문구 휘경동 29-1 전화번호 1577-3675

삼성서울병원 |
주 소 서울시 강남구 일원동 50 전화번호 1599-3114

강남세브란스 병원 |
주 소 서울시 강남구 언주로 211(도곡동) 전화번호 1599-3114

부산지정병원

부산 인제대학교 해운대 백병원, | 예약필수
주 소 부산광역시 해운대구 해운대로 875 전화번호 051-797-0369

필요한서류 유효한 여권, 여권용 사진 3장, 신체검사비 12주 이하 공부할 시 5만 원, 12주 이상 15만 원 지참. 헬스폼

호주워킹홀리데이에 관한 독설

아무 병원에서나 신체검사 받으면 된다고 생각하는 학생들?

"집 근처에 종합병원이 있는데 거기 가서 신체검사 받으면 되나요?"
이런 식으로 생각하는 사람이라면 호주워홀은 애당초 가지 않는 것이 좋다. 아예 아무런 정보도 모르고 있는 사람들. 호주워홀을 신청하고 헬스폼을 다운받은 뒤 신체검사를 받아야 되는지도 모른 채 신체검사부터 받으러 가는 학생들도 있고, 큰 병원에 가면 다 된다고 생각하는 학생들도 있다. 만약 지금 글을 보고 있는 사람들 중에서 그런 식으로 생각하며 호주워홀을 준비하는 사람이 있다면 절대로 가지 마라. 그것은 말 그대로 도피와 같다. 호주워홀을 자기 인생의 터닝포인트로 삼겠다는 굳은 의지 없이 단지 1년 정도 해외를 간다는 그 설렘과 막연한 기대 때문에 가려는 사람임이 틀림없다. 이왕 호주워킹을 간다면 인생의 값진 추억으로 남도록 해야 하지 않을까?

AUSTRALIA WORKING HOLIDAY
Q&A 13–16

출국준비

20대 초반의 군대를 가지 않은 사람들이 찾아와 어떻게든 영주권을 취득하고 싶다고 이야기한다. 그런데 그들은 호주를 모른다. 영주권이란, 자정이 넘은 시간에도 외로울 때면 삼겹살에 소주를 함께 먹을 수 있는 친구들을 한국에 두고 간다는 것이다.

2

13
처음 호주 갈 때 어떻게 환전을 하면 되나요?

통상적으로 환전을 할 때는 현금과 여행자수표의 비율을 3:7 정도로 하는 것이 좋다. 보통 신청 후 일주일 정도가 돼야 계좌(카드)가 나오기 때문에 그 전까지 홈스테이비용이라든지 셰어비, 생활비를 지불할 수 있는 정도의 현금이 필요하다. 그러기에 현금은 1,000달러 정도를 소지하는 것이 좋고, 나머지는 도난당해도 되찾을 수 있는 여행자수표로 가져가는 것이 좋다. 가장 저렴하게 환전하는 방법은 직거래와 주거래 은행의 환율우대 혹은 유학원에서 제공하는 환율우대쿠폰을 이용하는 것이다.

직거래로 환전하는 경우는 상대방의 신분이 확실한 경우에만 하는 것이 좋다. 그리고 근래에 가장 많이 회자되고 있는 국제직불카드가 있다. 많은 돈을 가지고 가는 것이 부담도 되고 하니, 수수료도 많지 않은 직불카드를 이용하는 것이 좋다고들 한다. 하지만 호주에서 계좌를 열고 돈을 찾아 쓰면 어떤 수수료도 내지 않는데, 굳이 국제직불카드를 이용해서 적은 수수료라도 내는 것은 손해라 할 수 있다.

하지만 세계경기 탓에 환율도 불안정한 만큼 수수료를 감수하고 나중에 환전을 할지 아니면 송금을 받을지는 본인이 선택해야 할 일이다.

호주워홀의 성공은 돈이 좌우한다 해도 과언이 아니다.
환율에 조금만 신경 써도 몇십만 원을 절약할 수 있다.

호주워킹홀리데이에 관한 독설
환율의 추이를 체크하지 않는 학생들

호주워홀에서 성공하기 위해 가장 중요한 것이 뭘까?
정신력, 영어실력, 여러 가지가 있겠지만 아마도 가장 크게 성공을 좌우하는 것은 돈일 것이다. 힘들게 공부하는 상황에서 좋은 일자리를 찾기란 어렵다. 그래서 돈은 많으면 많을수록 좋다는 말이 나온다. 그렇게 돈이 중요한 것을 알기 때문에 대부분의 학생들은 환율에 민감하다.

하지만 일부 학생들은 아예 환율의 추이를 보지 않는다. 출발하기 하루 전에 급하게 환전하는 사람도 있다. 만약 1달러가 1100원일 때는 110만 원에 1000달러를 살 수 있다. 그런데 최근에는 환율이 많이 올라서 1호주달러가 1200원이 넘어간다. 즉 120만 원이 있어야 1000달러를 살 수 있는 것이다. 미리 환율추이를 보며 예측한 사람은 10만 원 정도 절약할 수 있었다. 하지만 환율에 대해 전혀 신경을 쓰지 않는 학생들은 원래 호주달러가 1달러에 1200원인 줄만 알고 간다. 평균 호주워킹을 가는 사람이 2000달러 정도를 환전하고 간다고 쳤을 때 환율의 추이를 보고 산 사람은 약 15만 원 이상 절약이 가능하다.

돈이 중요하다는 것을 알면서도, 조금만 신경 쓰면 몇십만 원까지 아낄 수 있는 환율에는 신경을 쓰지 않는 것은 어리석은 일이다. 지금 호주워홀을 준비하며 돈 없다고 투덜대면서도 환율에는 아예 신경을 끄고 있지는 않은가? 그렇다면 당신은 이미 실패의 길을 가고 있다.

14
호주달러 직거래를 하려고 합니다. 무엇을 따져봐야 하나요?

근래 호주를 많은 사람들이 왕래하는 관계로 호주달러를 현찰로 가지고 있는 사람들이 많다. 그러다 보니 호주달러를 현찰 직거래 방식으로 거래하는 사람들이 꽤 있다. 왜냐하면 은행에서 팔 때 금액 손실이 많기 때문이다. 그래서 서로 윈윈 전략으로 직거래를 하게 되는데, 이때 환율을 민감하게 생각해야 한다.

환율을 따져봤을 때 어떤 방법이 이득이 되는지 살펴봐야 한다. 보통 호주달러의 경우, 살 때 금액이 1,000원이라 가정하면 은행에 달러를 팔 때는 약 -40원 정도인 960원에 거래된다. 여기서 중간 정도가 매매기준율이다. 980원 정도가 매매기준율에 해당된다고 보면 된다.

50, 60…… 경우에 따라서는 80%까지 환율우대쿠폰을 주는 은행들이 많다. 환율우대쿠폰을 써서 은행에서 환전을 하는 것이 더 나은지, 직거래로 거래하는 것이 더 나은지를 판단해야 한다.

싸게 사려고 집에서 먼 이마트에서 물건을 구입해 돌아와보니 집근처 슈퍼에서 행사가로 더 싸게 파는 경험이 있을 것이다. 달러 직거래가 그럴 가능성이 있으므로 잘 따져봐야 한다.

호주워킹홀리데이에 관한 독설
직거래가 가장 싸다고 생각하지 마라

"호주달러 3,000달러 직거래 원합니다."
"호주매매기준율로 싸게 직거래 해드립니다."
돈을 아끼자는 생각에 직거래로 돈을 환전했지만 실제로는 손해를 보는 경우가 많다. 매매기준율이 뭔지도 모르는 데다 환율 자체도 수시로 변하기 때문이다. 직거래가 아무래도 중간단계인 은행을 거치지 않기 때문에 더 쌀 거라는 단순한 생각으로 거래를 하는 건 한마디로 무지한 행동이다. 실제로 주거래 은행을 가면 환율우대를 80%까지 받을 수 있다. 직거래를 하는 사람들 대부분은 매매기준율에 따른 거래를 원한다. 즉, 환율우대 50%에 해당하는 금액이다. 결국 환율우대쿠폰으로 환전하는 것이 이득인 셈이다.
직거래가 싸다는 것은 선입견에 불과하다.

15
호주의 겨울이 춥다고 들었습니다. 두꺼운 겨울옷 필요한가요?

짐을 쌀 때 가장 궁금한 것 중의 하나가 '겨울옷을 가져가야 할까?' 이다. 정답을 이야기하면 너무 두꺼운 겨울옷은 가지고 갈 필요가 없다. 호주에는 눈이 내리는 지역은 극히 일부분이다. 더군다나 자신이 가는 지역이 케언즈, 브리즈번을 가는 경우에는 눈 자체가 내리지 않는다. 그렇지만 사람들은 '그래도 겨울인데……' 하면서 우리나라 기준으로 생각해서 오리털잠바를 가지고 간다. 하지만 그것은 부피도 클 뿐만 아니라 호주에서는 입을 일도 없다. 호주 난방시스템이 우리나라처럼 온돌방 개념이 아니기 때문에 온돌방으로 익숙한 한국 사람은 더더욱 춥게 느끼는 경우가 많다. 더구나 호주는 전기세가 전 세계에서 가장 비싼 관계로 온열기구를 사용하는 데 있어서 집주인의 눈치를 보는 경우도 많다. 이렇게 영하로 내려가지 않는다 해도 체감온도는 굉장히 낮으니 호주에 갈 때는 침낭 혹은 부피가 작은 전기장판을 준비해서 가는 것이 좋다.

호주워킹홀리데이에 관한 독설
호주로 이민 가시나요?

호주워홀 1년, 길게 잡으면 2년간 호주에 있어야 한다. 사람들은 떠나기 보름 전쯤 되면 초조해진다. 가지고 갈 것은 많은데 수화물 20kg 기준무게에 맞추는 것이 너무 어렵다고 느끼기 때문이다. 아무리 줄여도 줄여지지 않는 짐. 하지만 짐의 내용물을 보면 1년 동안 그렇게 많은 것들이 필요할지 의심이 든다. 비누, 샴푸는 물론이고 마치 패션쇼라도 할 것처럼 갖가지 옷을 싸가지고 간다.

지금 호주워홀을 1년간의 여행이라 생각하는가? 아니면 이민을 가는 것이라 생각하는가? 학생비자처럼 한 곳에서 계속 정착하지 않는 이상은 워홀의 특성상 계속 이동을 해야 된다. 한국에서 그렇게 많은 짐을 가지고 가게 되면 여간 불편한 것이 아니다. 마침내는 자신이 가진 물품을 버리는 사태에까지 이르게 된다.

물론 현지 사정을 정확히 모르니 외국에 가면 비쌀지도 모른다는 막연한 생각으로 짐을 싸는 것은 충분히 이해가 간다. 하지만 호주 현지에서 한국에서와 비슷한 금액으로 살 수 있는 물품들까지 대부분 들고 가는 건 오히려 낭비다.

혹시나 짐을 싸면서 온종일 넣었다 뺐다를 반복하고 있지는 않는가?

그들에게 다시 묻는다. 당신은 워홀을 가는 것인가? 아니면 이민을 가는 것인가?

16
한국에서 호주로 송금하는 법을
알려주세요.

우선 호주에서 계좌를 개설한다. 그리고 한국에서 송금해주는 사람에게 다음과 같은 정보를 알려준다.

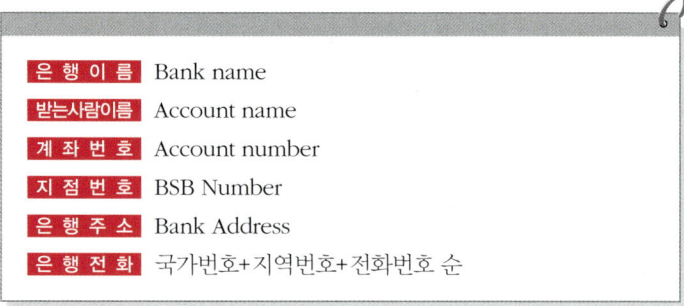

은 행 이 름	Bank name
받는사람이름	Account name
계 좌 번 호	Account number
지 점 번 호	BSB Number
은 행 주 소	Bank Address
은 행 전 화	국가번호+지역번호+전화번호 순

역송금 역시 같은 정보를 호주은행에 알리고 송금을 하면 환율에 맞춰서 역송금된다.

호주워킹홀리데이에 관한 독설
귀찮다고 다 환전해가는 학생들

"언제 환율이 떨어질까요?"

출국을 앞둔 학생들이 가장 많이 묻는 질문 중 하나다. 그런데 그 질문의 답을 아는 사람이 과연 있을까? 그것을 알 수 있다면 모두 다 환치기(달러를 매수했다 팔아서 이득을 챙기는 행위)를 할 것이다. 환율은 어느 누구도 예상하지 못한다. 2005년 10월의 호주환율은 800원대였고, 2006년 9월에는 700원이었다. 그리고 2011년 호주환율은 1,200원 현재 2017년 하반기 환율기준으로 약 900원이다. 이 정도로 예측 불가능한 것이 환율이다.

그래서 학생들에게 여러 가지 방법을 제안한다. 처음에 초기자본금에 해당하는 금액 1,000달러 정도만 가지고 가고 나중에 환율이 떨어질 때쯤 송금을 받으라고, 하지만 학생들은 송금을 받는다는 사실 자체를 두려워한다.

한국에서 다 해가지 않아도 되는 일도 굳이 모든 것을 다 끝내고 가려는 이상한 습성이 있는 사람들이 있다. 환전 역시 떠나기 전에 다 해버린다. 그러고는 호주에 가서 환율이 떨어졌다는 소식에 마음 아파한다. 아무도 환전을 다 하라는 식으로 이야기하지 않았다. 본인이 환전을 해놓고 자신은 재수 없는 사람이라고 말하고 다닌다. 혹시 송금 받는 것을 귀찮다고 생각하지는 않는가?

귀찮다고 느끼는 순간 호주워킹은 실패한다.

AUSTRALIA WORKING HOLIDAY
Q&A 17-19

출국하기

호주를 잘 알지도 못한 상태에서 무작정 군대 가듯 2년을 가 있겠다고 생각하지 말고,
1년을 가더라도 제대로 된 계획을 세우고 가라.
그리고 호주 외에 다른 나라도 갈 수 있는 사람이 돼라.

17
수하물을 분실했습니다.
어떻게 대처해야 하나요?

기본적으로 항공사는 수하물을 승객의 일부로 취급하여 탑승수속과 동시에 수하물표(Baggage Tag)를 부착해 운반한다.

이 수하물표는 바코드가 입력된 총 5개의 크고 작은 스티커로 이루어지는데 각각 승객소지용, 수하물 부착용, 항공사 보관용, 예비용 등으로 구분한다.

항공기 도착 후 본인의 수하물이 없어졌을 경우 가장 먼저 해당 항공사의 분실물 신고센터에 신고해야 한다. 신고는 탑승수속 당시 받은 수하물표를 제시하고 지정된 서식에 내용물, 귀중품 유무, 수하물 외관상의 특징, 승객의 연락처 등을 작성해서 제출하면 된다.

만약 여러 구간을 탑승한 후 분실사실을 알게 되었다면 최종적으로 이용한 항공사에 신고한다. 근래에는 수하물 추적 시스템을 통해서 분실사례가 줄어들고는 있지만, 기계적인 결함이나 수하물표 훼손 등의 원인으로 완전히 근절되지는 못하고 있는 실정이다. 수하물 분실 방지를 위해서는 수하물에 이름과 연락처가 잘 보이게 표시한 이름표를 부착해놓는 것이 좋다.

호주워킹홀리데이에 관한 독설
경유할 때 짐을 찾으려는 사람들

호주워홀 때문에 비행기를 처음 타본다는 사람들이 많다. 그러다 보니 항공기에 탑승하기 전부터 긴장하는 사람들이 꽤 있다. 특히나 수하물 때문에 여러 가지 해프닝이 생긴다.

자신의 것과 외형이 비슷한 수하물을 자기 것인 줄 알고 가져가는 경우도 있고, 경유할 때는 통상 짐을 찾지 않는다는 것을 모르고 찾으려 애쓰다가 비행기를 놓치는 경우도 있다. 사실 이런 것들은 항공권을 발권할 때 확인해야 하는 사항인데도 손 놓고 있다가, 막상 비행 당일에 당황해서 불상사를 겪게 되는 일이 흔하다. 준비자세가 되어 있지 않은 것이다.

호주워홀을 떠나기 전에 다음 사항을 꼭 확인하도록 하자.

❶ 경유하는 곳에서 짐을 찾아야 하는지, 아닌지 확인했는가?
❷ 수하물에 영문으로 이름과 연락처를 적어놨는가?
❸ 수하물에 안전운항에 영향을 줄 수 있는 위험물을 넣지는 않았는가?

18
편도로 호주워홀 갈 수 있나요?

예전에는 호주워홀이 1년이었기 때문에 왕복티켓을 끊어야 했다. 하지만 근래에는 세컨드 비자가 워낙 활성화되어 있기 때문에 편도로 끊어도 무방하다.

예전에는 편도로 끊을 경우 불법체류의 가능성이 있다고 보고 생활비가 있는지 여부를 점검했지만, 요즈음에는 너무 많은 사람들이 세컨드 비자로 가기 때문에 그것조차 무의미하게 되었다.(세컨드비자에 대한 질문은 뒤에 자세히 설명한다.)

캐나다워홀, 뉴질랜드워홀 독일, 프랑스 …….
세계는 넓고, 워킹홀리데이를 갈 수 있는 나라도 많다.

호주워킹홀리데이에 관한 독설
왜 호주를 2년이나 가는가?

"호주워킹 2년 갈 거예요. 그래서 편도로 끊고 갈 작정이죠."
"처음 1년은 일하고 다음 1년은 공부해서 2년 동안 호주를 정복할 겁니다."
기특한 생각이다. 하지만 내 생각은 좀 다르다. 왜 굳이 호주를 2년이나 가야 할까? 이명박 정부가 들어선 후부터 현재까지 대한민국과 워킹홀리데이를 체결한 나라가 청년교류제도 영국 YMS제도 포함 21개국이다. 왜 굳이 호주를 2년이나 가야 한단 말인가?
2년을 생각하는 사람은 많은 경험을 위해서 간다고 한다. 하지만 호주에 있어본 사람으로서 얘기하자면 실상 호주는 1년 이상 그렇게 오랫동안 경험해봐야 할 정도로 넓은 나라가 아니다. 웬만큼 영어 수준을 올려놓은 다음에는 캐나다워홀, 뉴질랜드워홀 등 워홀이 체결되어 있는 영어권의 나라들을 차례로 경험해보는 것이 더 낫지 않을까?
호주를 잘 알지도 못한 상태에서 무작정 군대 가듯 2년을 가 있겠다고 생각하지 말고, 1년을 가더라도 제대로 된 계획을 세우고 가는 게 낫다. 그리고 호주만이 아니라 다른 나라도 갈 수 있는 사람이 돼라.

19
호주항공권은 어디에서 끊어야 저렴한가요?

최저가 항공사 에어아시아로 인해 호주로 가는 항공요금이 많이 절약되었다. 편도 기준으로 약 30만 원 이내로 시드니, 멜버른, 골드코스트, 퍼스 노선의 항공권 구매가 가능하다. 하지만 최저항공사인 만큼 기존 항공사가 가지고 있는 혜택은 모두 돈을 지불해야만 이용이 가능하다. 또한 지정일 변경이나 환불이 안 되는 경우가 많아 귀국일이 정해지지 않는 경우에는 에어아시아는 되도록 이용하지 않는 것이 좋다.

호주항공권뿐만 아니라 어느 나라 항공권을 구매하든지 간에 어느 항공사가 저렴한가보다는 프로모션 기간에 맞춰 구매해야 저렴하다.

호주항공권이 저렴해지는 것은 다 본인 발품의 노력이다.

자본금이 많지 않다면 최저가 항공권 찾는 노력 하나만으로 일주일 방값을 절약할 수 있다는 점을 기억해야 한다.

호주워킹홀리데이에 관한 독설
에어아시아가 호주워킹을 망하게 만든다?

요즘 에어아시아를 통해 호주워킹을 가는 학생들이 나날이 늘어나고 있다. 거의 대부분이 특가 항공권 때문에 에어아시아를 선택한 것이다. 자본금이 충분치 않은 상태에서 돈을 조금이라도 아끼려는 것이기에 충분히 그 마음 이해가 간다.
하지만 그 학생들의 대부분은 호주워킹에 대한 준비가 되어 있지 않다.
호주워킹은 열정만으로 가는 것이 아니라, 철저히 준비한 끝에 비로소 성공이라는 열매를 얻을 수 있다.
하지만 거의 대부분 눈앞에 보이는 돈 절약(항공료 절약) 때문에 본인 상황을 직시하지 못한 채 입국 일을 결정해버린다.
항공료 아끼려다 본인의 호주워킹이 망치는 것을 보지 못한다.
에어아시아 항공권 특가를 구매하는 것보다 더 중요한 것은 호주워킹을 가서 어떤 일을 하며 어떤 것을 얻어올지에 대한 충분한 고민. 그것이 더 중요하다.
호주워킹에서 성공해 비즈니스석 타고 금의환향의 꿈을 꾸는 워홀러가 되기를 바란다.

> TIP: 에어아시아 뿐만 아니라 최저가 항공사 대부분은 일반항공사가 무료로 제공되는 서비스가 다 유료 서비스다.
> 특히나 귀국일 변경 같은 경우는 특가항공권 같은 경우는 아예 불가한 경우나 항공권보다 더 비싼 수수료를 요구하는 경우도 있으니 참조하도록 하자.

비자

한국에서 열심히 하지 않는 사람이 호주 간다고 열심히 하게 될 리가 없다.
지금 현재 영어를 위해서 어떤 노력을 했는가?
그 질문에 답을 당당히 할 수 있는 자만이 호주워홀에서 성공할 수 있을 것이다.

4

20
신체검사를 먼저 받아야 되나요?
워홀비자를 먼저 신청해야 하나요?

호주워홀비자를 받을 때 신체검사를 미리 받아야 하는지, 워홀비자 신청을 먼저 해야 되는지 궁금해하는 사람들이 많다. 신체검사를 먼저 받는 것은 학생비자뿐이다.

워홀비자 같은 경우 비자 결제를 한 후 12주 이하로 공부하는 경우는 5만 원짜리 헬스폼을, 13주 이상 공부를 하는 경우는 15만 원짜리 헬스폼을 다운받으면 된다. 전에는 4주 이상은 15만 원, 4주 이하는 5만 원이었지만 2009년 3월 28일 이후부터는 12주 이하는 5만 원, 13주 이상은 15만 원으로 바뀌었다.

호주인들에게 우리나라 워홀러들은
자기들이 하지 않는 더러운 일을 대신하는,
언어가 서툰 동양인일 뿐이다.

호주워킹홀리데이에 관한 독설
왜 신체검사 5만 원짜리를 받는 공부기간이 4주 이하에서 12주 이하로 바뀌었을까?

호주워홀을 꿈꾸는 사람들 중에는 워홀비자가 호주의 일손이 부족해서 국제적 협약에 따라 일할 수 있는 사람에게 발급되는 비자라고 생각하는 사람들이 많다. 하지만 비자를 받고 난 이후의 일은 본인 스스로 감당해야 된다. 일자리는 본인의 능력에 따라서 배치된다. 애석하게도 대부분의 워홀러들은 호주인들이 하지 않으려는 업종, 즉 3D 업종에 종사하게 될 뿐이다.

호주는 인간생활의 기본 중 기본인 언어를 하지 못하는 동양인을 반겨주는 사회가 아니다. 더군다나 현재 전 세계적 경기 불황의 직격탄을 맞은 나라 중 하나가 바로 호주다. 알다시피 호주는 관광과 교육산업이 수입의 큰 비중을 차지하고 있다.

하지만 경제가 이렇게 안 좋을 때 누가 관광을 갈 것인가? 지금 호주는 자국 젊은이들의 실업 문제만 해도 골치가 아픈 실정이다. 그런 상황에서 동양에서 온 영어도 안 되는 사람을 너그럽게 봐줄 리가 없다. 하지만 그런 기본적인 상황 인식도 없이 우리나라의 젊은이들은 열정만 가지고 맨땅에 헤딩하듯 호주로 워홀을 떠난다.

하지만 호주인들 생각에 우리나라 워홀러들은 자기들이 하지 않는 더러운 일을 대신하는, 언어가 서툰 동양인 그 이상도 이하도 아니다.

그래서 5만 원으로 공부할 수 있는 기간이 4주에서 12주 이하로 늘어난 것이다.

21
호주는 세컨드 비자가 있다는데 그것이 뭔가요?

여러 나라의 워홀비자 중 발급 인원의 제한이 없는 유일한 비자. 그리고 경우에 따라서는 1년을 연장해서 2년까지 머무를 수 있는 비자가 바로 호주워홀비자다. 호주 내의 특정지역(Regional Australia Postcode Area)에서 Specified Worker로서 최소한 3개월 이상 일한 워킹홀리데이 비자 소지자의 경우 비자 유효기간을 1년 이상 연장할 수 있으며, 호주 내에서도 신청이 가능하다.

- Specified Work : 농장(과일이나 채소 수확 및 포장), 공장, 광산, 어업, 건설현장
- Regional Area : ACT, Sydney, Newcastle, NSW central Coast, Wollongong, Brisbane, Gold Coast, Melbourn, Perth 를 제외한 전 지역.
- 제출 서류
    1. 현지 고용주의 서명을 받은 FORM 1263
       (양식다운로드: http://www.immi.gov.au/allforms/pdf/1263.pdf)
    2. Pay Slip(주급명세서) 혹은 Group Certificate
    3. 비자 신청비(A$440) 및 신체검사 확인서

 영어가 안 되는 사람들에게는 오직 농장이 기다리고 있을 뿐이다.

호주워킹홀리데이에 관한 독설
왜 사람들은 농장 일만이 세컨드 비자 연장이 가능한 직업으로 알고 있는가?

유학 컨설턴트로서 워홀상담을 하다 보면 빠짐없이 나오는 질문이 있다. 세컨드 비자 연장을 어떻게 하느냐는 것이다. 그중 어떤 이는 아예 호주 체류 계획 자체를 2년으로 잡고 온 경우도 많았다. 그런데 공통적으로 그들이 알고 있는 세컨드 비자 연장법은 농장에 취업하는 것이었다.

일단은 맞는 이야기다. 그러나 비자 연장을 위해서는 꼭 농장에 취업해야만 하는 건 아니다. 그럼에도 나 역시 그들에게 농장을 가라고 상담한다. 이유는 농장을 제외한 다른 일은 영어실력이 뒷받침이 되지 않는 한 구하기 어렵기 때문이다. 세컨드 비자를 생각하는 사람들 대부분의 영어실력은 속된 말로 토익 신발사이즈에 불과하다. 그들에게 '공장에 취업이 가능하다'든가 하는 사탕발림조의 이야기를 할 수는 없는 것이다.

정확히 이야기해서 영어가 되는 사람은 굳이 농장을 가지 않아도 된다. 호주 이민성에서 지정한 일에 직접 이력서를 들고 도전하라. 그것이 워킹홀리데이의 도전정신 아니겠는가? 하지만 영어가 안 된다면 그 꿈은 버려야 한다. 농장이 기다리고 있을 뿐이다.

22
워홀비자를 신청하면 언제 승인이 나오나요?

워홀비자는 신체검사를 받은 후 몸에 문제가 없는 한 보름 이내에 나온다. 그런데 근래 호주로 워킹을 떠나는 사람들이 많아진 관계로 비자승인까지 걸리는 기간이 더욱 짧아졌다. 그러나 몸에 문제가 있는 경우는 재검 요청이 나오게 되고 그 다음부터는 늦어진다. 워낙 호주라는 나라가 일을 느긋하게 처리하는 시스템이라서 독촉메일을 쓰더라도 메일을 확인하는 데만도 오랜 시간이 걸린다. 한 달 이상 걸리는 경우에는 독촉메일을 쓰자. 그래야 그나마 빨리 처리해준다.

독촉메일 양식은 다음과 같다.

> Good morning, Officer!
>
> I need your favor.
> Because, I requested my Working Holiday Visa on 날짜(비자를 신청한 날짜).
> And I checked up my health examination in 장소(신체검사 받은 병원) on (날짜).
> But I haven`t received my Visa approval yet!
> It's already one month have passed since I applied my

Working holiday visa.
Does it have any problem?
I really worry about the result of Visa approval.
Could you verify my application and send e-mail to me, please?

Name KANG TAEHO
Birth 1979.06.06
TRN
Passport No.
Country
E-mail address
이민성 메일 주소 WHM@immi.gov.au

호주워킹홀리데이에 관한 독설
워홀비자가 안 나와요. 영작 좀 해주세요!

많은 사람들은 인터넷 커뮤니티 공간에 있는 'E-VISA 스스로 신청하기'를 통해서 워홀비자를 신청한다. 그런데 그 과정이 모두 영어로 되어 있다 보니 실수를 하게 된다. 그러면 정정메일이나 독촉메일을 보내서 호주이민성에 지금의 상황과 자신의 의사를 전달해야 한다. 하지만 대부분은 영작할 능력이 없을 뿐만 아니라 그럴 의욕도 없다. 그 전까지 "가서 잘할 수 있겠습니까? 영어가 안 되는데 잘하실 수 있겠어요?"라고 다그치듯 물어보면 "자신 있다"고 큰소리쳤던 사람들이다. 그런데 참으로 애석하게도 자신이 봉착한 문제, 즉 영작을 해야 되는 상황이 되면 갑자기 목소리가 낮아지면서 도움을 요청한다. 그럴 때 "이제 호주에 가면 현실입니다. 지금부터 노력해서 직접 하셔야 됩니다"라고 진지하게 말해줘도 그들은 "호주에 가면 그때부터 열심히 하겠다"라고 말한다. 한국이기 때문에 아직 준비가 안 되어 있다면서. 워홀을 준비하는 사람들에게 충고하고 싶다. 한국에서 열심히 하지 않는 사람이 호주 간다고 열심히 하게 될 리가 없다. 지금 현재 영어를 위해서 어떤 노력을 했는가? 그 질문에 답을 당당히 할 수 있는 자만이 호주워홀에서 성공할 수 있을 것이다.

23
호주워킹비자가 만 35세까지로 바뀐다는데, 만 34살인 저도 갈 수 있나요?

그동안 루머 같이 퍼졌던 호주워킹 연령대 제한이 만 35세까지 확대되었다는 소식이 언론에서 대대적으로 보도되었다. 언론에서 보도되었다는 것 때문에 그런지 다른 루머에 비해서 일반인들도 그 소식에 대해 알고 있을 정도로 사회적 관심도가 높았다. 그리고 기존 워킹대상자가 아니었던 사람들, 즉 만 35세 미만의 사람들이 그 소식에 지금 아니면 호주워킹을 못 갈 것이라는 판단 하에 퇴직을 생각하고 호주워킹의 문을 두드린다. 하지만 씁쓸하게도 호주이민성은 한국 언론의 설레발과 달리 변함없이 만 30세까지로 지정되어 있다.

정확한 팩트체크 없이 언론에서 무책임하게 보도하는 것이 가장 큰 문제지만 단순 조건이 맞는다하여 호주워킹의 문을 두드리는 것 또한 잘못된 것이 아닐까 싶다.

호주에 관한 법률이 변할 때 우리가 체크해야 되는 것은 포털사이트 검색이 아니라 호주이민성이다.

http://www.border.gov.au (호주이민성)

 지금 이 순간 호주에 가서 무엇을 할 것인지 적어보라.
망설여지는가?
그럼 당신은 굳이 갈 필요가 없다.

호주워킹홀리데이에 관한 독설
호주워홀은 군대처럼 의무가 아니다

"저 이번에 꼭 가야 돼요. 이제 나이가 서른 살이 넘어가요. 그러면 두 번 다시 워홀은 못 가는 거잖아요."
"그런데요, 제가 궁금한 것이 있는데요. 누가 가라고 그랬나요? 왜 그렇게 조급해하세요. 호주워홀은 군대처럼 의무가 아니에요. 못 간다고 해서 인생에 결정적인 문제가 생기는 것이 아니란 얘기예요."
많은 사람들이 찾아와서 호주워홀을 꼭 가야 된다고 말한다. 계획에 대해서 물어보면 그에 대한 대답은 없다. 오로지 언제 떠날 수 있겠느냐며, 이제 나이 들면 언제 갈 수 있겠느냐고 하소연할 뿐이다. 아니, 갈 수 있다. 성공한 사람들이라면 시간이 없어서 못 갈 뿐이지 누구라도 갈 수 있다.
호주워홀에 대한 철저한 목적의식이 있다면 가야 하는 것이 맞다. 하지만 마치 군 입대와 마찬가지로 젊었을 때 무조건 가봐야 하는 것처럼 생각한다면 그건 아니다. 지금 이 순간, 1년을 가서 무엇을 할지 적어보라. 망설여진다면 당신은 뚜렷한 목적 없이 단순히 현실을 도피하기 위해 호주워홀을 가는 것이 틀림없다.

24
워홀비자 승인이 나지 않은 상태로 호주에 가게 되면 문제가 되나요?

"워홀비자 신청이 한 달째 나지 않습니다. 성수기라 항공권이 없으니 빨리 발권하라고 연락이 왔는데요. 그냥 호주로 가면 안 되나요?"

절대로 가면 안 된다. 보통 워홀 승인이 신체검사를 하고 난 후 일주일에서 10일 정도면 나오기 때문에 항공권을 미리 발권하는 사람들이 많다. 통상적으로 90퍼센트 이상은 승인이 떨어지지만 간혹 한 달 이상 걸리는 경우도 있다. 그런데 발권부터 하고 호주로 가게 되면 워홀비자가 아닌 관광비자로 호주를 가게 된다. 즉, 워홀비자 신청비용 A$440을 날리게 되는 것이다. 그러므로 항공권 발권은 비자 승인이 떨어지고 나서 해야 한다.

당신이 호주로 가려는 이유는 무엇인가?
대답이 머뭇거려진다면 포기하는 편이 낫다.

호주워킹홀리데이에 관한 독설
승인되면 바로 한국을 떠나겠다는 사람들

"왜 아직도 승인이 안 나죠? 항공권 발권해야 되는데 승인 안 났어요. 그냥 발권해 버릴까요?"
"왜 그렇게 빨리 가고 싶으세요?"
"어차피 한국에 있어봤자 할 것도 없고, 빨리 떠나야죠."
"호주에 가면 할 것이 있나요? 왜 한국에서 할 일이 없다는 사람들이 호주에 가면 할 일이 있나요?
호주에 가는 이유가 뭐죠. 뭘 위해서 가는 거죠?"
머뭇거린다. 알 것 같다. 한국에 있으면 아르바이트를 해도 최저시급 7,000~8,000원 정도 밖에는 못 받지만 들리는 이야기로는 호주에서는 최저 시급이 18불에 육박하며 캐시잡을 하더라도 한국 돈으로 시급 15,000원을 받는다고 하니, 제대로 된 보수를 받는 일도 하고 싶고, 호주도 경험하고 싶은 심정을 알 것도 같다.
하지만 과연 그럴까? 한국에서 동남아시아 사람들이 우리나라 최저임금에 준해서 임금을 받을까? 아마 당신은 고개를 저을 것이다. 그렇다면 호주 내 한국인들은 대부분 어떤 일을 하며 어느 정도의 임금을 받을까? 생각해볼 일이다.

25
워홀비자로 호주에 있다가 제3국으로 갈 수 있나요?

호주워홀 승인이 되고 1년 내에는 호주만이 아닌 미국, 영국, 캐나다, 필리핀 어느 나라를 가도 무방하다. 실제로 많은 사람들이 호주워홀을 가면 호주에만 1년 내내 있어야 하는 것으로 착각한다. 호주워홀비자는 호주에 도착하고 나서부터 자유라고 할 수 있다. 일을 해도 되고 주변 국가를 여행해도 되며, 경우에 따라서는 최대 17주까지 공부가 가능하다.

이렇게 호주워홀은 모든 것이 가능하기 때문에 의지가 중요하다고 강조하는 것이다. 처음에 갔을 때의 초심을 잃어버리는 사람이 많은 이유가 바로 자유로운 워홀법 때문이다.

자유는 때때로 방종을 낳는다.
자신과의 약속을 지킬 수 있는 자가 진정한 승자다.

호주워킹홀리데이에 관한 독설
출석률 80%를 넘기지 못하는 학생들

학생비자는 출석률 80% 미만이 되면 강제추방 사유가 된다. 하지만 호주워홀비자로 공부하는 학생들에게는 어떠한 강제규정도 없다. 학교 자체에도 학생 기록이 남지 않는다. 그러기에 학교가 출석률이 안 좋은 학생을 호주이민성에 보고하는 법은 없다. 출석률 80%라 하면 당연히 대부분의 사람들이 지킬 것이라 생각하지만, 실제로 호주에 있어 보면 출석률 80%를 지키는 사람이 많지 않다는 것을 알게 된다. 유럽인들은 셀프스터디를 하고 선생님에게 모르는 것을 질문하는 방식의 수업을 잘 활용하지만, 우리나라 사람은 자율학습은 공부가 아니라고 생각하고 열심히 하지 않는다. 우리나라 사람들만의 타성인지도 모르겠다.

그리고 친구들을 사귀게 되면 여행을 가고 싶은 마음에 학교수업을 하루 이틀 빠지게 되고, 결국 그것이 어느새 반복되게 된다. 그러다 보니 실제로 호주워홀로 학교수업을 듣는 사람들 대부분이 80% 미만의 출석률을 기록한다.

또한 공부를 하다가 슬럼프를 겪게 될 경우에도 학생비자를 가진 학생은 출석률 기준의 압박 때문에 어쩔 수 없이 학교로 간다. 그리고 결국 슬럼프를 극복하고 영어의 기틀을 잡는다. 하지만 호주워홀로 가서 공부하는 학생들은 그 슬럼프를 이겨내지 못하고 여행을 하거나 일하러 간다. 서바이벌 영어가 더 큰 학습이라고 자위할 수도 있기 때문이다. 하지만 단어의 조합만으로 구사되는 영어회화는 한국에 와서는 별 쓸모가 없다.

이렇게 호주워홀은 철저하게 자신의 의지력을 요구한다.

26
신용불량자도 워홀비자를 받을 수 있나요?

워킹비자는 E-VISA이다. 그러기 때문에 따로 확인하는 서류들이 없다. 즉, 몸만 건강하다면 모두 다 갈 수 있는 것이 호주워홀비자다. 그래서 호주워홀비자는 다른 나라의 워홀비자와는 달리 인원 제한이 없고, 요즘은 경제가 안 좋다 보니 더욱 많은 사람들이 호주로 몰리는 추세다.

호주워킹홀리데이에 관한 독설
범죄인도 아무런 제지 없이 갈 수 있는 호주워홀비자

성범죄자, 신용불량자, 사기꾼, 폭력범······.
이들도 호주워홀을 갈 수 있을까?
갈 수 있다. 다른 나라는 몰라도 호주워홀은 갈 수 있다. 출입국금지를 당하지 않는 이상은 호주에 갈 수 있다. 성매매를 목적으로 호주에 가는 여성들도 많고, 범죄인들도 많이 가는 것이 사실이다. 그래서 한국인들이 피해를 당하는 경우가 많다. 그렇기 때문에 호주워홀을 가서는 한국 사람을 만나도 조심해야 하는 것이다.

27
워홀비자를 실수로 두 번 결제했습니다. 환불신청은 어떻게 해야 되나요?

인터넷 상황에 따라서 간혹 워홀비자를 결제하고 또다시 신청하는 경우가 많이 있다. 이런 경우는 이민성에 사유를 설명하는 내용의 메일과 함께 환불신청을 해야 된다.

Name
Birth
TRN
Passport No
Country
E-mail

이민성 메일주소 : eVisa.WHM.Helpdesk@immi.gov.au

Dear. officer!

I need your favor.
I applied my working Holiday Visa on 6 JUNE 2017.
But An error occured while I was making an application.
So, I tried to reapply my Working Holiday Visa on 7 JUNE 2009.
After I applied Working Holiday visa, I paid for it by my credit card.
But I think that I made a mistake when I paid for it by credit card.

> Unfortunately, I realized i've paid twice for my working holiday visa.
> I am so confused since the payment was completed by credit card.
> Even though the first application was not fully accomplished due to the error.
> So I am asking you a favor to fix this matter(double payment) receipt files are attached.(두 번 결제된 영수증을 스캔해서 보낼 것)
> I'm looking forward to receiving your reply letter as soon as possible.
> Thank you for reading my letter.

위와 같은 영문 이메일을 보내도록 한다. 신용카드 회사 쪽에서는 결제한 곳에서 동의해야 취소를 해주는데, 호주이민성은 귀찮은 것을 싫어해서 잘 안 해준다. 계속 귀찮게 해야 환불처리를 해주니 참조하도록 한다.

싸워라! 싸워서 이겨라!
그러면 영어도 는다.

호주워킹홀리데이에 관한 독설
두 번 결제한 금액은 포기하는 게 편하다?

"호주워홀비자를 신청했는데 모르고 두 번 결제했어요. 어떻게 해야 되죠?"
"호주이민성에서 거의 신경을 안 쓰니 못 받을 각오를 해야 합니다."
맞다. 정말로 호주 사람들은 행정 처리가 너무 느리다. 우리나라의 행정 처리에 길들여진 사람 눈에는, 호주 사람들이 느긋한 정도가 아니라 게을러 보인다는 표현이 맞다. 행정상의 문제에 대해 이메일을 보내도 대부분 한 달 정도를 기다려야 처리될 정도다. 그러다 보니 두 번 결제한 금액에 대해서는 일단 포기하라고 이야기한다.
그런데 포기하라고 말하면 학생들의 반응은 두 가지다. 단념하는 사람과 꼭 받아내겠다는 사람. 필자가 느낄 때 두 사람 중에서 호주에서 성공할 사람은 후자다. 그 사람은 자신이 불합리한 대우를 받았다고 생각해서 영어사전을 뒤져가며 환불을 받으려 노력한다.
실제로 호주에서 영어가 가장 많이 늘었던 때가 누군가한테 불합리한 일을 당하고 싸우려고 말을 만들었던 때라고들 많이 이야기한다. 너무 화가 나서 내 속의 이야기를 전달하기 위해 최선 이상의 노력을 하게 되었을 것이다.
하지만 단념하는 순간, 즉 싸우는 중에 "I'm sorry"라고 말하는 순간 영어는 더 이상 늘지 않는다. 지금 혹시 두 번 결제하고 나서 내 실수로 인해 날린 돈이라고 단념하는가? 그 돈은 호주 측에서 환불해줘야 당연한 돈이다.
싸워라! 싸워서 쟁취하라. 그 정신이야말로 호주워홀 성공의 밑거름이다.

28
학생비자가 나을까요?
워홀비자가 나을까요?

"학생비자로 6개월을 가려다가 워홀비자로도 17주 이상 공부가 가능하다는 이야기를 들었습니다. 한 곳에서 4개월 이상 공부를 안 하고 다른 곳에서 수강하면 괜찮다고들 하는데 저 같은 경우는 워홀비자로 가는 것이 나을까요? 아니면 학생비자로 간 다음에 다시 워홀비자로 가는 것이 나을까요?"

이 질문은 우리나라 풍토에서나 가능한 질문이다. 법적으로는 17주 이상 공부하지 못하는 것이 워홀법이다. 하지만 우리나라 사람들은 역시나 우리 상황에 맞춰서 요령껏 법을 이용한다. 즉, 워킹홀리데이비자를 소유한 사람의 인적사항이 학교에 남지 않으며 입학허가서가 나오지 않기 때문에 학교가 알 수 없다는 사실을 이용하는 것이다. 그리고 실제로 그렇게 해서 걸린 사람도 드물다. 적발될 확률은 거의 로또 1등에 당첨되는 정도라고 생각하면 된다. 하지만 공부하려는 사람은 학생비자로 가는 것이 좋다.

그리고 지금 공부를 하러 간다는 말은 영어를 잘하지 못한다는 얘기다. 영어를 잘하지 못하는 상태에서의 호주워홀은 고생길일 뿐이다. 차라리 6개월이나 10개월 정도 어학연수를 통해 영어를 정복하고 현지 실정을 어느 정도 파악한 뒤 호주워홀을 정복하는 것이 어떨까?

학생비자로도 주 20시간 일을 할 수 있으니 공부를 하면서 적은 시간이나마 열심히 일해서 고용주에게 좋은 인상을 심어주고, 나중에 워홀비자로 와서 풀타임으로 일한다면 그것이 더욱 효율적이지 않을까?

앞서 계속 언급했듯이 호주워킹홀리데이비자는 공부를 하는 비자가 아니라 일을 하고 번 돈을 통해서 문화체험을 하는 비자다. 비자의 특성과 자신의 목표에 맞춰서 제대로 가는 것이 좋을 것이다.

29
1263폼을 못 받았습니다.
그러면 비자연장 못하는 건가요?

보통 비자연장을 하는 데 중요한 것이 1263폼을 작성하는 것이다. 고용주의 사인과 함께 ABN넘버를 받는 것이다. 풀타임으로 일을 해야 하며, 돈을 받지 않고 일하는 우프 같은 경우도 가능하다.
그런데 1263폼을 못 받았다면 다음과정을 통해서 자신이 일했다는 것을 증명만 해주면 세컨드 비자를 받을 수 있다.

Payslips

Group Certificate

Tax return

Employer References

호주워킹홀리데이에 관한 독설

서류를 챙기지 못했다고
세컨드 비자를 포기하는 사람

호주 세컨드 비자를 신청하는 데 필요한 서류는 1263폼이며, 그 안에 고용주의 ABN넘버와 사인이 필요하다. 하지만 세컨드를 전혀 생각하지 않고 돈을 벌다가 나중에 다시 호주를 가고 싶은 마음에 1263폼을 챙기지 못한 것을 후회한다. 하지만 그것을 안 가져 왔다고 해서 세컨드 비자를 못 받는 것이 아니다. 절차가 조금 까다로울 뿐이다.

하지만 정말 다시 가고 싶다면, 그리고 정당하게 자신이 호주 세컨드 비자를 받을 수 있는 일을 했다면 요구할 수 있어야 정상 아닌가? 하지만 그런 요구를 하는 사람은 드물다. 영어로 모든 것을 해결해야 되기 때문이다.

호주를 다시 한 번 가고 싶다고 이야기하는 사람들. 하지만 영어로 자신을 표현하지 못하는 사람들. 다시 호주에 가면 잘 살 수 있을까? 세컨드 비자에 관련된 서류를 챙기지 못하고 스스로 문제를 해결하지 못한다면 세컨드 비자로 호주에 다시 갈 생각을 접어라. 그것이 그나마 –2년 혹은 '잃어버린 2년'을 피하는 길이다.

호주에서의 생활

자동차 정비 자격증이 있다 해도 고용주와 인터뷰를
할 수 있어야 취업이 가능하지 않겠는가?
영어가 안 된 상태에서의 열정은 헛될 뿐이다.

5

30
호주 내 숙소의 정의를 알려주세요.

홈스테이

호주 일반가정에서 숙식을 제공하는 일종의 하숙 개념이다. 대개 아침식사는 본인이 직접 챙겨 먹는 방식이며, 시리얼과 우유, 토스트가 일반적이다. 점심은 대부분 도시락을 싸가는데 홈스테이 가정에 따라 싸주는 곳도 있고, 아니면 본인이 직접 준비해야 하는 경우도 있다. 저녁은 보통 홈스테이 가족들이 모두 모여 다함께 준비한 요리로 식사를 한다. 홈스테이는 대부분 시티에서 멀리 떨어져 있는 경우가 많아서 교통비가 많이 든다.

*홈스테이 참조사이트

http://www.homestay-australia.com/ | http://www.homestaynetwork.org

http://www.homestayfinder.com/SearchHost.aspx?country=AU

http://homestaynetwork.com.au/

셰어하우스

셰어는 우리나라로 치면 자취와 비슷한 개념이다. 본인의 재정에 따라 독방이나 2인 1실 혹은 3인 1실을 사용하며, 둘이 한 방을 쓴다고 해서 비용부담이 반으로 줄어드는 것은 아니다. 셰어비에는 일반적으로 가스와 전기세 등 기타비용이 다 포함되어 있다. 셰어의 경우 2주치에 해당하는 금액을 본드비(보증금)로 낸다. 이 본드비는 셰어를 하면서 살림살이의 일정부분을 훼손하거나 파손시킬 경우 변상해주는 용도의 돈이다.

*셰어하우스 참조사이트

http://www.flatmates.com.au | http://www.realestate.com.au
http://www.domain.com.au/ | http://www.allhomes.com.au/

렌트

렌트는 실제 집주인과 계약을 해서 주당 정해진 금액을 지불하고 집을 통째로 사용하는 방법이다.

기숙사

보통 학교에 다니거나 어린 학생들이 많이 이용하는데 대개 독방, 2인 1실 개념으로 기본 구조와 다양한 시설을 제공한다. 식사를 제공하는 곳도 가끔 있지만 가격이 비싸고, 본인이 직접 해결해야 하는 경우가 대부분이다.

백팩커

숙소를 정하지 않고 호주에 왔을 경우나 여행을 다닐 경우 가장 많이 가게 되는 숙소 형태다. 백팩거는 싱글룸, 2인실, 4인실, 6인실, 8인실 등 종류에 따라 가격이 다르다. 보통 4~6인실의 기준으로 하루 이용가격이 30불 이내이고, 싱글룸은 50불 이상이 보통이다. 방을 다른 사람과 같이 쓰고 샤워장이나 화장실, 부엌 등은 공동으로 쓴다.

*백백커 참조사이트

http://www.yha.com.au/ | http://dickson-central.com.au/
http://www.bighostel.com | http://www.boardrider.com.au

호주워킹홀리데이에 관한 독설
홈스테이 하면 점심 싸주나요? 빨래해주나요?

이런 질문을 하는 학생들이 간혹 있다. 그러면 나는 그들에게 되묻는다.
"홈스테이가 호텔인가요?"
홈스테이는 호텔이 아니다. 학생들에게 호주의 문화를 접하게끔 해주는 숙박제도다. 그들을 가족으로 인식해야지 절대로 밥 해주는 사람, 숙박하는 곳 혹은 빨래해주는 곳으로 인식해서는 안 된다.
홈스테이를 하는 분들의 연령대는 대부분 50~60대이다. 말 그대로 우리 부모님 또래인 것이다. 빨래를 해주느냐, 점심은 싸주느냐고 묻기보다는 "그분들이 뭘 좋아할까요?"라고 물어보면 어떨까? 짧지만 길다고도 할 수 있는 1년 동안 나의 호주 아버지가 혹은 어머니가 될 수 있다고 생각하고 마음으로 다가가라. 그러면 그들은 당신을 수없이 왔다가는 손님이 아닌, 가족으로 인식할 것이다. 그러면 당신은 호주에서 또 하나의 가족을 얻는 것이다.

호주에서 살아남기 TIP
옷 같은 경우는 한꺼번에 세탁을 하자. 여행자 숙소나 캐러반 파크 같은 곳은 세탁을 하는 데에도 5달러 이상의 돈을 요구한다.

31
홈스테이를 할 때 주의해야 할 것이 있나요?

호주에서의 홈스테이 에티켓으로 10가지를 적어봤다.

❶ 세면도구는 반드시 자신의 것을 사용한다! : 홈스테이의 특성상 여러 인원이 한 욕실을 사용하게 되므로 자신의 물건은 한 곳에 가지런히 정리하고 남의 물건을 사용하지 말아야 한다.

❷ 아침식사는 본인이 직접 챙겨 먹자! : 시리얼에 우유를 부어 먹는 식사법이 서양에서 들어왔다는 것은 다들 아는 사실이다. 이처럼 서양에서는 우유와 시리얼로 간단히 아침식사를 한다. 본인이 직접 냉장고에서 찾아 먹도록 하자.

❸ 간단한 설거지는 돌아가면서 한다고 생각하자! : 식사하고 난 뒤 그냥 자신의 방으로 돌아가는 학생들이 많다. 그러지 말고 가족의 일원이 되었다는 생각으로 함께 설거지를 하도록 하자.

❹ 침실에서 음식을 먹지 말자! : 호주에서의 식사는 우리나라처럼 배불리 먹는 구조가 아니라서 학생들이 침실에서 간식을 먹는 경우가 많다. 그것은 매너 있는 행동이 아니다. 왜냐하면 호주의 집들은 대부분 목조로 된 집으로서 벌레가 많기 때문이다.

❺ **물을 아껴 쓰자!** : 호주는 세계 2위의 물 부족국가다. 호주 사람들은 아주 철저하게 물을 아껴 쓰기 때문에 우리나라 사람들의 샤워 방식을 절대로 이해 못한다.

❻ **친구들을 데리고 올 때 미리 이야기를 하자!** : 우리나라에서는 친구들을 데리고 가는 것이 이상한 일이 아니지만 호주에서는 매너 없는 행동이다. 친구를 초대할 때는 반드시 전날 이야기를 하고 친구가 자고 가는 일은 없도록 한다.

❼ **홈스테이에서 나갈 때는 적어도 2주 전에 이야기를 하자!** : 홈스테이를 나가기 2주 전에 노티스를 두는 이유는 그들에게 새로운 사람을 받을 수 있도록 하기 위해서다. 그들에게는 학생을 받는 것이 용돈을 버는 측면이 있기 때문에 나가기 2주 전에는 반드시 알려야 한다.

❽ **너무 늦게까지 텔레비전 앞에 있지 말자!** : 호주는 아침에는 일찍 일어나고 저녁 9시면 잠자리에 드는 가정이 대부분이다. 텔레비전이 대부분 거실에 있기 때문에 늦게까지 텔레비전을 보는 것은 예의가 아니다.

❾ **점심 도시락은 스스로 싸도록 하자!** : 도시락을 싸주는 가정이 있기도 하지만 대부분 냉장고에 미리 준비된 재료로 스스로 싸간다. 그들은 밥해주고 빨래해주는 가정부가 아니라는 것을 인식하자.

❿ **영어로 말을 하도록 하자!** : 답답하다고 같이 있는 한국인 학생과 한국어로 이야기하면 그들에게 굉장히 큰 실례다. 안 되는 영어라도 그들 앞에서는 영어로 이야기하는 것이 기본 예의다.

호주워킹홀리데이에 관한 독설
로마에 가면 로마법을 따르라!

호주에 가서 가장 많은 문화적 충돌이 일어나는 곳으로 홈스테이를 들 수 있다. 아무래도 한국문화에 20년 이상 길들여졌던 사람이 생소한 호주문화에 적응하는 것이 여간 어려운 일이 아니다. 더군다나 물 부족 국가 그리고 패킷제로 인터넷을 이용하는 호주에 있어서 한국인들에 양치질할 때 물을 틀어놓는 경우, 샤워시간 10분 이상 사용하는 것은 예의가 아닌 상식 밖 행동이다. 그러다보니 문화 간 충돌을 야기하고 심지어 호주인 주인 중에 버럭 화를 내는 경우가 있다. 그런 경험을 한 한국인들 중에서는 복수(?)를 한다. 홈스테이를 나가기 2주 전 노티스를 안 주는 것도 물론이거니와 이사 올 때 물을 틀어놓고 혹은 집에 흠집을 내고 나오는 것이다.

물론 화가 날 수도 있다. 하지만 로마에 가면 로마법을 따르는 것이 정석 아닌가? 방문자 개념으로 온 호주에 한국문화를 앞세워 내 행동이 정당하다고 이야기할 수는 없는 것이다. 자신의 사소한 복수(?)가 우리나라의 이미지를 호주인에게 심어준다는 사실을 명심하라.

32
홈스테이가 좋을까요?
셰어가 좋을까요?

홈스테이와 셰어. 호주에서 뭘 선택해야 할지 고민을 많이 한다. 둘 중에 어떤 것이 나을지는 사람에 따라서 다르다. 하지만 영어가 안 되는 사람에게는 홈스테이가 낫다는 것이 결론이다.

그 이유는 숙박할 곳이 있다는 심리적 안정감과 함께 어학원에 가는 시간 외에 영어를 쓸 수밖에 없는 조건이 완성되는 것이 홈스테이다. 하지만 셰어는 다르다. 처음부터 어학원을 다닌다고 해도 대부분의 경우 한국인 셰어를 구하게 되고 아무리 같이 사는 사람들끼리 영어를 쓰기로 규칙을 정한다고 해도 영어만을 사용하기는 어려울 것이다. 그러면 결국 한국에서 타이트한 영어학원을 다니는 것과 별반 차이가 없다는 이야기다.

제일 좋은 방법은 최소 4주 정도 홈스테이를 하면서 호주의 문화를 익히는 한편, 그 기간 중에 학교에서 외국인 친구를 사귄 다음, 마음 맞는 외국인 친구와 외국인 셰어를 하는 것이다. 그것이 가장 이상적인 방법이 아닐까 싶다.

호주워킹홀리데이에 관한 독설
한국에서 외국인 셰어 못 구하나요?

"인터넷으로 알아보면 외국인 셰어를 구하는 곳이 있던데. 그런 곳으로 가면 되지 않나요?"
학생들이 여러 사이트를 보고 외국인 셰어를 구하는 쪽으로 가고 싶다고 이야기한다. 그런데 생각해보자. 학생 집에서 외국인을 받는다고 인터넷에 올리는가? 그리고 그쪽에서 들어오겠다고 하면 아무런 검증절차 없이 받아줄 것 같은가?
셰어는 같이 살 사람을 구하는 것이다. 홈스테이는 생활을 하는 데 어느 정도 케어를 해주는 측면까지 포함된 금액을 내기 때문에 구성원들 사이에 큰 문제가 없다. 하지만 셰어는 같이 주방을 쓰고 화장실도 같이 써야 하는 개념이다. 그런데 전혀 얼굴도 보지 못한 사람을 단순히 외국인이라서 셰어를 한다는 것이 말이 되는가?
보통 셰어 같은 경우는 본드비 2주치를 받는다. 그 이유는 살림살이를 훼손하거나 파손시킬 경우에 물어주는 금액으로도 책정이 되지만 대부분 장기 셰어를 원한다는 이야기다. 즉, 아무리 방이 안 좋거나 구성원이 좋지 않더라도 미리 돈을 낸 2주치가 있기 때문에 쉽게 못 나간다는 말이다. 따라서 맘에 맞는 외국인 친구, 마음도 편하고 공부도 할 수 있는 그런 사람을 구해야 할 것이다.

33
호주 사람들의 발음이 안 좋다면서요?

"호주 사람들 발음이 영국식 발음이라 미국식 영어를 배운 우리나라 사람들이 공부하기에는 안 좋다고 들었습니다. 어느 정도로 호주 사람들의 발음이 안 좋은가요?"

발음 문제 때문에 호주가 안 좋다고 생각하는 사람들이 많다. 하지만 정확히 이야기하면 그 사람들은 핑계를 찾는 것이다. 자신이 영어를 못하는 이유를 미국과 다른 발음에서 찾는 것이다.

그러나 호주인들이 미국인들과 만나면 대화가 안 통하는가? 필리핀 사람들이 호주인들과 대화가 안 되는가? 아니다. 그들은 어느 정도 악센트상의 문제는 있더라도 농담을 주고받을 정도로 원활한 의사소통을 한다. 하지만 꼭 한국인 몇몇 사람들이 발음을 문제 삼아 호주영어가 자신에게 안 맞는다고 이야기한다. 정말 말도 안 되는 핑계다.

영어는 발음이 중요한 것이 아니다.
혹시나 발음이 이상할 것 같아 호주 가기를 주저하는가?
그렇다면 어느 나라도 가지 마라.

호주워킹홀리데이에 관한 독설
자신에게 면죄부를 주지 마라

"우리나라는 미국식 영어로 공부를 해서 그런지 호주 사람 발음을 알아들을 수가 없어."

대개 저런 이야기를 하는 사람들의 영어실력은 형편없다. 영어를 잘하는 사람은 그런 핑계를 대지 않는다. 자신이 영어를 못한다는 것은 발음 때문이라고 생각하는 것, 그것은 패배주의다. 또한 자신에게 면죄부를 주는 것이다. 영어발음이 안 좋다는 면죄부를 주는 이상 절대로 영어정복은 하지 못한다.

영어는 발음이 중요한 것이 아니다. 계속 쓰려는 의지가 있을 때만 영어가 정복되는 것이다. 호주에서 필리핀 사람이 발음은 안 좋지만 호주인들과 농담하며 웃을 때, 옆에서 무슨 뜻인지 모른 채로 멍청하게 있는 그런 어리석은 사람이 되지 마라. 혹시나 발음이 이상할 것 같아 호주 가기를 주저하는가? 그렇다면 어느 나라도 가지 마라. 어느 나라를 갈지라도 그런 정신이라면 간다고 해도 시간낭비일 뿐이다.

34
홈스테이 가족들에게 줄 선물은 어떤 것이 있을까요?

많은 사람들이 외국인 친구들에게 한국의 기념품을 주려고 선물을 사간다. 특히 부채 같은 걸 사가는 사람들이 많다. 그런데 부채는 이제 더 이상 좋은 선물이 아니다. 정확히 이야기하면 외국인들이 별로 좋아하지 않는다. 워낙 많은 학생들이 홈스테이를 하면서 부채를 선물로 준 탓도 있지만 호주 각 도시의 차이나타운을 가면 너무나 쉽게 구할 수 있는 것이 부채이기 때문이다. 그런 것보다는 태극모양 펜던트라든지 아니면 붉은 악마 티셔츠 혹은 두건 같은 것을 가지고 가는 것이 좋다.

선물로 주면서 그것에 유래하는 이야기를 영어로 설명해보는 것도 좋을 것이다.

 어떤 사람은 홈스테이에서 손님으로만 인식이 되고,
다른 누구는 홈스테이에서 또 하나의 가족이 되는 것은 본인의 진심이
얼마나 그들의 마음을 움직였는가에 달린 것이 아닐까?

호주워킹홀리데이에 관한 독설
누구는 손님으로, 누구는 가족으로!

"선물로 뭐가 좋을까요? 부채가 가장 무난하겠죠? 인사동에 가면 많이 있으니까 여러 개 사가지고 가야겠어요."

많은 학생들이 출발하기 전에 인사동에서 선물을 산다. 기특한 생각이다. 하지만 선물에는 마음이 담겨야 한다. 대부분 친근하게 대해 달라는 대가성이다.

그들도 인간인지라 안다. 사람이 진심으로 자신을 대하는지 아니면 거짓으로 대하는지를 느낀다. 내가 홈스테이를 하고 있던 어느 날 한국에서 청첩장이 날아왔다. 2년 전에 홈스테이를 했던 여학생이 보낸 청첩장이었는데, 홈스테이 아주머니께서 청첩장을 받고는 한국에 가야겠다며 "내 딸이 결혼한다!"고 말하는 것이었다. 그리고는 당시 그녀와의 추억을 이야기하면서 메일함을 보여줬다.

이메일을 통해서 그 여학생은 몸은 멀어졌지만 마음은 항상 당신을 생각한다는 식의 글들을 썼다. 결국 그런 노력으로 인해 잠시 머물다간 손님이 아닌 또 하나의 가족이 생겨난 것이다. 실제로 선물도 선물이지만 마음을 움직일 수 있는 진심을 담은 편지를 써보는 것이 어떨까?

어떤 사람은 홈스테이에서 손님으로만 인식이 되고, 다른 누구는 홈스테이에서 또 하나의 가족이 되는 것은 본인의 진심이 얼마나 그들의 마음을 움직였는가에 달린 것이 아닐까?

35
호주 국경일은 어떻게 되나요?

호주 국경일은 우리나라와 달리 각 주마다 다르다.

1일 신년
26일 건국 기념일(Australian Day) SA,TAS,VIC는 2월1일

첫째월요일 노동 감사절 WA, ACT,TAS
둘째월요일 노동 감사절 VIC
셋째월요일 캔버라 데이(Canberra Day) ACT

첫째 주 부활절(Good Friday)
　　　　이스터 새터데이(Easter Saturday)
　　　　이스터 먼데이(Easter Monday)
　　　　이스터 튜스데이(Easter Tuesday)
25일 앤잭데이(Anzac Day) VIC, TAS(다른 주는 26일)

첫째월요일 노동 감사절 QLD
　　　　메이데이 NT
셋째월요일 애들레이드 컵 데이 SA

둘째월요일 영국여왕 탄생기념일 WA 제외
셋째월요일 웨스턴오스트레일리아주 연방 기념일 WA

첫째금요일 앨리스스프링스 쇼 데이 NT
둘째금요일 테넌트 크릭 쇼 데이 NT
셋째금요일 캐서린 쇼 데이 NT
넷째금요일 다윈 쇼 데이 NT

첫째월요일 피크닉 홀리데이 NT

넷째월요일 영국여왕 탄생일 WA
넷째목요일 멜번 쇼 데이 VIC

첫째월요일 노동 감사절 NSW, ACT
둘째월요일 노동 감사절 SA

첫째월요일 레크리에이션 데이 TAS
첫째화요일 멜번 컵 데이 VIC

25일 크리스마스 QLD, ACT
26일 박싱데이(Boxing Day) 공통
28일 독립선언일 SA

호주워킹홀리데이에 관한 독설
호주 국경일에 일만 하는 사람들

호주는 연방제로서 각 주마다 법이 다르며, 쉬는 날도 다르다. 호주 국경일에 한국인들은 뭘 할까? 안타깝게도 호주인들과 같이 그날을 즐기지 않고 일만 한다. 그렇게 쉬는 날 일하면 평소보다 돈을 1.5배 혹은 2배 정도 더 받아야 정상인데도 그렇게 받는 한국인은 드물다. 일자리 자체가 없어서 일을 구하는 것에만 급급한 나머지, 호주 노동법에 준하는 최저임금을 받고 일하는 것이 아니라 캐시잡으로 일하는 경우가 많기 때문이다.

호주워홀을 가는 이유가 뭘까 생각해보자.

돈을 벌러 가는 것인가? 아니면 문화체험을 위해서 가는 걸까?

무엇보다 호주의 국경일에 호주 사람들과 더불어서 축제를 즐기는 사람이 되는 것이 좋지 않을까? 1년을 머문다고 생각하면 두 번 다시는 볼 수 없는 호주의 국경일이 아닌가? 한국에서는 매년 그날이 돌아오지만 호주에서는 하루하루가 다시 돌아올 수 없는 날이 되는 게 아닌가?

호주워홀로 가서 일만 하다 오는 경우가 없었으면 한다.

36
호주에는 백호주의가 있다는데 위험하지는 않을까요?

백호주의. 말 그대로 백인우월주의 같은 것이다. 하지만 정확히 이야기해서 그렇게 인종차별을 하는 사람들을 만나기란 우리나라에서 건달, 불량배를 만나는 경우보다도 더 적다고 할 수 있다.

호주는 대규모 이민정책을 실시하고 있는 나라 중의 하나다. 그런 정책으로 인해 여러 다민족이 더불어 살고 있다. 그런 곳에서 백호주의는 어불성설이라고 할 수 있다.

그 예로 호주에서 영어공부를 하려면 AM 라디오를 들으라고들 한다. 하도 사건사고가 없어서 사건이 하나 터지면 그것을 반복적으로 들려주기 때문에 학습효과가 있다는 것이다. 우리나라는 워낙 사건사고가 많아서 뉴스에 새로운 사건들만 보이지만 호주에서는 하나의 살인사건이 나면 거의 보름 정도는 반복적으로 나온다고 생각하면 된다. 호주라는 나라가 그 정도로 사건사고가 없는 평화로운 나라라는 것을 보여주는 대목이다.

"호주에서는 한국인을 믿지 말라."
"외국인 밑에서 일하는 게 낫다."
이런 말들이 필수 주의사항에 포함된다는 것이 안타까울 따름이다.

호주워킹홀리데이에 관한 독설

한국인 많은 곳에는 인심이 안 좋다!

호주의 백호주의. 사실, 자동차를 타고 가면서 너희 나라로 돌아가라는 식으로 소리를 지르며 지나가는 호주인들을 간혹 볼 수 있다. 하지만 대부분의 경우 호주 사람들은 우리나라 70년대의 이웃사촌 같은 느낌을 가질 정도로 정이 많다. 실제로 필자가 호주에서 길을 잃어버렸을 때 집까지 자동차로 태워줬을 만큼 친절한 호주 사람을 만난 적이 있다.

하지만 안 좋은 사실은 한국인이 밀집해 있는 지역일수록 인심이 좋지 않다는 것이다. 실제로 한국인 밀집지역 중 한 곳에서 새벽청소를 마치고 귀가하는 한국인에게 호주인들이 계란 한 판을 던졌다는 일화는 가히 충격적이었다.

왜 그런 일이 벌어지는 것일까? 실제로 한국인들은 그곳에서 사람들을 이용해 먹는 측면이 많다. 또한 더불어 사는 사회라는 생각 없이 나만 잘 살면 된다는 식으로 법을 악용하고, 저렴한 보수를 받고 근무하는 조건으로 기존 호주 사람들의 일자리를 빼앗는 경우도 허다하다. 굴러온 돌이 박힌 돌 빼내는 식으로 행동하는 것이 한국인의 모습인 것이다.

호주에 가면 한국인을 믿지 말라든가, 외국인 밑에서 일을 하라는 이야기, 그런 것들이 필수 주의사항에 해당한다는 것이 안타까울 뿐이다.

37
호주인의 주식은 뭔가요?

호주인들은 아침에는 시리얼과 우유로 간단히 먹는다. 점심 같은 경우는 샌드위치 혹은 저녁에 먹다 남은 파스타를 찬합에 싸가지고 가서 먹는다. 그리고 진짜 정식으로 먹는 것은 저녁이다. 양고기, 소고기, 돼지고기 스테이크와 함께 강낭콩, 당근, 옥수수 등을 먹는다.

호주 사람들은 보통 아침, 점심은 많이 먹지 않고 저녁을 푸짐하게 해먹는다. 그리고 저녁은 인원수에 맞춰서 준비하기 때문에 한국처럼 친구들을 불러서 있는 밥과 반찬에 숟가락만 놓아서 먹는다는 게 안 된다. 그래서 저녁을 같이 먹기 위해서는 몇 명이 집으로 방문할 예정인지 미리 알려줘야 한다.

호주에서 살아남기 TIP

빈 음료수 병에 물을 받아 취침 전 냉동실에 넣어두면, 낮 동안 시원한 물을 먹을 수 있어 음료에 지출하는 비용을 절약할 수 있다.

호주워킹홀리데이에 관한 독설
호주에 왔으면 호주인 식단에 맞추자

호주음식. 사실 느끼하고 계속 먹으면 질리는 것이 사실이다. 갑자기 김치가 너무 생각나고 라면을 끊여먹고 싶어진다. 호주에 있으면서 향수병이 생기는 이유 중에 가장 큰 것이 음식 문제다.

하지만 1년이라는 시간은 그리 긴 시간이 아니다. 실제로 박찬호 선수는 철저히 미국에서 살기 위해 1년 내내 햄버거와 치즈를 먹었다는 이야기를 하지 않던가? 꼭 그렇게 하라는 것이 아니라 호주의 식단에 어느 정도 맞추는 노력이 필요하다는 것이다.

1년 동안, 그것도 경험이 아니겠는가? 평생 호주음식을 먹으라는 게 아니라 1년 동안만 호주의 식문화를 체험한다 생각하고 호주음식에 적응해보자.

38
베드버그가 뭔가요?

베드버그란 침대에서 기생하는 벌레로서, 그 벌레에 물리면 상당히 아프면서 상처가 부풀어오르는 증상이 나타난다. 만약 병원에 갈 경우 병원비도 많이 들고 심하면 귀국까지 하는 경우도 있다. 대부분 청소를 자주 안 하는 더러운 곳이나 농장 일과 연계된 백팩 등에서 많이 서식하고 있는 벌레다. 예방하는 방법은 청소를 자주, 깨끗이 하고 일광소독을 해서 베드버그가 서식할 수 없도록 만드는 것이다.

호주워킹홀리데이에 관한 독설
베드버그에 물리는 것도 추억이 될까?

베드버그의 아픔. 그것은 형언하기가 어렵다.
보통 벌레가 어느 정도 아프겠느냐 싶겠지만 그 벌레에 물리면 미칠 듯이 간지럽고 나중에는 온몸에 두드러기 증세가 일어난다. 대부분 베드버그에 물리는 경우는 위생적으로 좋지 않은 곳에서 거주하기 때문이다. 생활비를 아끼는 차원에서 무조건 저렴한 곳, 위생상 열악한 곳을 가다 보니 생기는 현상이다.
베드버그에 물려보는 것은 추억이 아니다. 사는 곳만큼은 위생상의 문제가 없는 곳으로 가도록 하자.

39
호주의 은행 계좌는 어떻게 여나요?

호주에는 ANZ, Commonwealth, National Australia, Westpac 등의 큰 은행들이 있다. 계좌를 열면 24시간 어느 때나 ATM 기기에서 돈을 인출할 수 있고 잔액 한도 내에서 체크카드 기능이 된다.
먼저 계좌를 개설하기 위해서는 여권과 돈이 필요하다. 은행에 Customer service라고 쓰여 있는 곳이나 안내데스크 같은 데 가서 "I would like to open a bank account"라고 하면 계좌 개설에 필요한 양식(form)을 준다. 대개의 유학생들이 사용하는 보통예금(Saving Account)을 신청하고 자신의 이름과 연락처 등을 적는다.
계좌를 만들 때 Student ID 카드가 있다면 학생계좌를 만들 수 있다. 호주의 은행에서는 매달 계좌 유지비가 ANZ은행 같은 경우 2~5달러를 가져간다. 여기서 주의할 점은 창구이용을 많이 하면 할수록 수수료가 더 부과된다는 사실이다. 돈을 입금하는 경우에도 해당된다. 하지만 학생계좌는 무제한 이용가능하며 다른 ATM기에서 돈을 찾는 경우를 제외하고 수수료가 들지 않는다.
보통 계좌를 신청한 지 1주일 정도 지나면 현금카드와 비밀번호(PIN)가 자신의 주소지로 배달된다.
현재 한국인 직원이 있는 지역의 경우, 사정을 말하면 학생이 아니더라도 학생계좌를 만들어주므로 수수료를 떼일 염려가 없다. 참고로 4대 은행 중 NAB는 계좌 유지비를 요구하지 않는다.

혹시 유학원의 케어 서비스로 은행계좌 개설에 도움을 받길 원하는가?
그렇다면 은행계좌 개설에 필요한 영어를 실생활에서 연습하지 못하게 될 것이다.

호주워킹홀리데이에 관한 독설
호주에 가서 응석받이가 되지 마라

각 유학원마다 내세우고 있는 현지 케어 서비스 중 하나가 은행계좌 개설이다. 필자도 처음 은행계좌를 개설할 때 현지 사람의 도움을 받았지만 좋은 방법은 아니다. 사실 은행계좌를 만들 때 필요한 영어는 아주 단순하다. 보통 호주워홀을 가서 해야 할 일 중에는 은행계좌 개설하기, 비자승인 스티커 받기, 핸드폰 개설하기 등이 있다. 그중에서 비자승인 스티커는 이제 없어졌다고 생각하면 된다. 그러면 최우선적으로 해야 할 일은 은행계좌 개설과 핸드폰 개통이다.

핸드폰 개통은 조금 어려운 측면이 있는 것도 사실이다. 하지만 은행계좌 개설 같은 경우는 아주 쉬운 문장만 익히고 가도 가능하다. 하지만 대부분의 워홀러들이 도전하지 않으려 한다. 영어로 대화하다가 막히면 창피할 것이라고 생각하기 때문이다. 사실 아무리 영어회화를 익혔다고 해도 직접 쓰지 않으면 내 영어가 되지 않는다. 실제로 어떤 이는 아는 길임에도 불구하고 일부러 주변 외국인들에게 길을 물어봤다고 한다. 길 묻는 영어를 내 언어로 만들기 위해서다. 혹시 유학원의 케어 서비스로 은행계좌 개설에 도움을 받길 원하는가? 그렇다면 은행계좌 개설에 필요한 영어를 실생활에서 연습하지 못하게 될 것이다. 영어정복은 자신이 얼마나 그 영어를 반복 사용해서 숙달하느냐에 달려 있다.

은행 계좌 개설만큼은 스스로 해보겠다는 도전의식을 갖도록 하자.

40
호주에서 운전면허 공증을 받을 수 있나요?

보통 국제 운전면허증 사용기간이 만료가 되면 운전면허증 공증이 필요하다. 호주에서 나티자격증(통번역 자격증)이 있는 사람에게 가서 한국 운전면허증을 제시하면 공증했다는 레터를 준다. 공증 가격은 보통 30~50달러다. 주의해야 될 것은 운전할 때는 국내 운전면허증과 공증받은 서류를 항상 함께 가지고 있어야 한다.

호주에 장기적으로 머물 예정인 사람은 공증보다는 호주 운전면허증을 따는 것이 좋다. 다음은 퀸즐랜드 주에서 운전면허증을 취득하는 네 가지 과정이다.

L: Learner Licence는 우리나라의 필기시험과 같은 Written road test를 통과해야 받을 수 있는 면허증이다. 만 16세부터 취득이 가능하며 혼자서는 운전이 불가능하고, 옆에 반드시 Open Licence를 가지고 있는 사람과 동승해야만 운전이 가능한 면허상태다.

P: Provisional 1 Licence는 L면허 취득 후 100시간 Log book과 1년간 L면허를 소지한 뒤 우리나라의 실기시험 같은 Q-SAFE Practical Driving Test를 통과해야 받을 수 있는 운전면허증이다. P면허증을 소지한 이후부터는 혼자서 운전이 가능하다. P면허증을 소지한 사람은 항시 P면허 Plate를 항상 차량의 앞뒤에 잘 보이도록 부착하여야 하며, 면허증은 항시 소지하여야 한다. P 1 면허

증을 가지고 1년이 지나면 다음 단계인 P2 면허를 취득할 수 있는 자격이 주어진다.

P 2 : Provistional 2 Licence는 P1 면허를 취득한 후 1년이 지난 후, Hazard Perception Test를 통과하였거나 만 25세 이상일 때 Q-SAFE Practical Driving Test를 통과하였으면 취득할 수 있다. 만 25세가 안된 경우에는 2년간 P2 면허를 소지하고 있어야 하며, 만 25세 이상인 경우에는 1년간 P2 면허를 소지하면 그제서야 Open Licence를 발급받을 수 있다.

참고사이트: www.transport.qld.gov.au - Driver Licence information을 통해 확인할 수 있다.

호주워킹홀리데이에 관한 독설
자동차 정비 자격증이 있는데 공증을 받으면 취업하는 데 도움이 되나요?

공증은 말 그대로 한국에서 취득한 자격증 같은 것을 인정해주는 것을 말한다. 그래서 많은 사람들이 자신이 가지고 있는 자격증을 공증받아 가기도 한다. 그런 열정은 좋은 것이다. 자신의 능력을 보여주기 위해서 공증을 받는다면 무엇이든 하려는 의지가 있다고 볼 수 있다.

그런데 문제는 다른 데 있다. 공증을 받았다 해도 그 자격증을 뒷받침하는 영어가 안 된다는 것이 진짜 문제인 것이다. 자동차 정비 자격증이 있다 해도 그것을 가지고 고용주와 인터뷰를 할 수 있어야 취업이 가능하지 않겠는가?

영어가 안 된 상태에서는 어떠한 공증도 무용하다. 영어와 열정이 기본으로 갖춰진 상태에서 공증이 도움이 되는 것이지 공증만으로 취업이 해결될 수는 없는 것이다.

41
싱글룸, 더블룸 등 셰어 용어 좀 알려주세요.

호주에서 셰어를 하려 할 때 가장 헷갈리는 것이 셰어 용어다. 한국에서와는 다른 주거시스템이므로 알아두는 것이 좋다. 몇 가지 예를 들어서 설명하겠다.

- 1 of 5 share house avail. mid may.
  5월 중순쯤 5개의 셰어 중 하나에 들어갈 수 있다.

- 4 bedrooms 2bathrooms 2 rms left.
  4개의 방, 2개의 욕실이 있는 집이며 2개의 방이 남아 있다.

- FF
  Full-Funished의 약자로 가구가 전부 있다는 뜻

- Unlimited cable internet
  무제한 케이블 인터넷이 있다는 뜻

- Lge pool, BBQ. walk uq individual keys
  큰 풀장이 있고, 바비큐시설이 있으며 유큐대학까지 걸어갈 수 있으며 개인에게 열쇠를 준다는 이야기

- single rm $120/ double rm $130/ twin share $160
  싱글룸 $120/ 더블룸 $130/ 두 명이 같이 사는 룸 $160

거실 셰어, 베란다 셰어, 주차장 셰어까지…….
이 모든 것이 호주 주거법 위반이지만, 이것이 바로 호주 현지의 실정이다.

호주워킹홀리데이에 관한 독설
거실 셰어, 베란다 셰어를 들어봤는가?

"셰어는 알겠는데 시드니 지역 이야기를 하다가 들었습니다. 거실 셰어, 베란다 셰어가 뭔가요?"

말 그대로 그곳에서 사는 것을 이야기한다. 거실 셰어는 거실에서 잠을 자는 것을 말하며 베란다 셰어는 베란다에서 잠을 자는 것을 말한다. 또한 주차장 셰어도 있다. 보통 아파트를 렌트하면 주차장이 딸려 있다. 하지만 렌트한 사람이 자동차가 없으면 그 공간이 필요 없기 때문에 그것을 주당 $30 정도에 판다. 그것이 주차장 셰어다.

이런 모든 행위는 우리나라 사람들이 주도했다고들 한다. 셰어 비용을 올려놓은 것이 우리나라 사람들이라는 얘기다. 어차피 호주워홀을 오는 사람들 중엔 우리나라 사람이 가장 많으니 방을 찾는 사람들도 우리나라 사람이 가장 많다. 렌트하는 사람들끼리 담합해서 방값을 주당 $10씩 올린다고 치면 셰어를 구하는 사람들은 울며 겨자 먹기로 그 방값을 낼 수밖에 없다. 또한 주당 $80 정도에 거실 셰어도 내준다. 그리고 시드니에서는 베란다 셰어까지…. 이 모든 것이 호주 주거법 위반이다.

하지만 그런 주거형태는 호주 현지에 만연되어 있다. 단속이 나오면 다른 곳에 가 있는 방법으로 법망을 피한다.

이것이 바로 호주 현지의 주거 실정이다.

42
호주 현지에서 여권은 어떻게 연장해야 하나요?

예전에는 시드니영사관에 우편을 통한 연장 신청도 가능했지만, 전자여권으로 바뀐 지금은 반드시 호주 캔버라의 대사관이나 시드니영사관을 직접 방문해야 여권연장이 가능하다.

- NSW, QLD, Northern Territory 지역은 시드니총영사관 관할이다.
- VIC, SA, WA, TAS 지역은 캔버라 소재 대사관에 신청해야 된다.

■ **여권 발급 시 구비서류**
- 현재 여권
- 여권발급신청서
- 여권용 사진 2매
- 워홀비자 승인 스티커, 비자연장 신청 영수증, 입학허가서(COE), 워홀비자 승인메일 중 한 가지
- 수수료 : A$55(10년)
- 2008년 6월 29일 개정된 여권법령 발효 후 기존 스탬프 날인 방식의 기간 연장제도가 폐지되었기 때문에 이후부터는 전자여권으로 바꿔야 한다.

총영사관 연락처	
주 소	Consulate General of the Republic of Korea Level 13, 3 Elizabath st. sydney NSW 2001
이 메 일	sydney@mofat.go.kr
전 화	02-9210-0200
대사관연락처	02-6270-4100

호주워킹홀리데이에 관한 독설
여권 신상정보 바꾸고 워홀 가는 학생들

"저 그게 사실인가요? 워홀을 갔다 왔어도 여권의 신상정보를 바꾸면, 여권번호가 새로 생성 되니깐 다시 갈 수 있다는데 가능한 이야기인가요?"

그럴 듯한 이야기다. 실제로 그런 식으로 호주워홀을 갔다 왔다는 사람들의 이야기도 들린다. 그런데 궁금한 것이 그렇게 불법을 행하면서까지 호주워홀을 가고 싶은가 하는 것이다. 그것은 공문서 위조다. 즉 범죄다. 호주에서만 아니라 한국에서도 문제의 소지가 있는 것이다. 왜 그렇게 호주를 가고 싶어하는 것인가?

세컨드 비자 연장까지 모자라서 이제는 신상정보까지 바꿔가며 호주워홀을 가고 싶은가? 2014년 현재까지 영국 YMS(청년교류제도)포함 20개국과 워킹홀리데이 협약을 맺은 상황이다. 차라리 다른 나라에 도전해 보라. '여유 있는 호주, 빡빡한 한국', 그런 식으로 편협한 생각을 갖지 마라.

혹시 신상정보를 바꾸면 다시 갈 수 있다는 생각을 한 번이라도 해본 적이 있는가? 그렇다면 당신은 이미 호주와 한국만 바라보는 편협한 안목을 가지고 있는 사람이다.

43
호주 중고차 구입요령을 알려주세요.

호주에서 중고차를 사는 요령은 우리나라처럼 어렵지 않다. 각종 지역신문을 통하거나 자동차시장에서 구입한다. 또는 아는 사람의 차를 구입하거나 길거리에 놓인 차를 구입하는 방법 등이 있다.

여기서 가장 중요한 것은 RWC를 확인하는 것이다. RWC(Road Worth Certificate)는 차량이 도로주행에 적합한지를 확인하는 검사 증명서다. 간혹 자동차가격이 현저하게 낮을 경우 RWC를 확인해 보면 십중팔구 RWC가 없는 차량이다. 이때는 차 주인에게 어느 정도 가격을 더 쳐줄 테니 RWC를 달라고 하는 것이 중요하다.

또 하나 확인해봐야 하는 것이 운전할 수 있는 기간이 표시되어 있는 자동차 레지다. 자동차 레지는 앞 유리에 스티커로 부착되어 있는데 그 기간이 만료된 상태에서 운전하다 적발되면 엄청난 벌금을 물게 된다.

설마 같은 한국인을 속일까 싶지만,
그런 심리를 역으로 이용하는 사람들이 있다.
조심하자.

호주워킹홀리데이에 관한 독설
RWC를 불법 거래하는 한국 사람들

중고자동차를 살 때 가장 피해야 하는 사람이 누굴까? 애석하게도 한국 사람이다. 호주의 한국인 워홀러 중에 중고자동차로 장사(?)를 하는 사람들이 있다.

호주인이 저렴하게 내놓은 RWC가 없는 차량을 사서는 한국인이 운영하는 정비소에서 돈을 주고 RWC를 발급받는다. 그리고 귀국 세일 등의 명목으로 급하게 좋은 차를 판다는 식으로 사람들을 속인다. 그렇게 용돈을 버는 것이다.

실제로 호주인이 거래하는 자동차시장에서 2,000불 정도에 거래되는 차가 한국인들에게는 2,500불에서 3,000불 정도에 거래가 된다. 왜 그렇게 당할까?

영어로 자신의 의사를 이야기할 수 있는 사람들이 없기 때문이다. 그리고 설마 한국인이 같은 동족을 이용할까라는 생각 때문에 당하게 된다.

하지만 모든 사실을 알게 되는 순간 한 가지를 깨닫게 된다.

'호주에서 한국인은 절대로 믿지 마라.'

44
호주 병원은 한국 병원과 어떻게 다른가요?

호주병원은 일반적으로 세 가지로 나뉘게 된다. 동네 개인병원, Public, 그리고 Private병원. 호주는 의료분업이 잘 되어 있어서 돈을 더 주면 대학병원에서 진료를 받을 수 있는 구조가 아니라, 동네 개인병원에서 진료를 받은 후 소견서를 첨부해 큰 병원으로 갈 수 있는 구조로 되어 있다. 위급한 질병인 경우는 응급실을 이용할 수 있지만 굉장히 비싸다. 또한 외상이 없다면 응급실로 가더라도 하루 종일 기다려야 하는 경우도 있다. 호주에서 돈을 아끼는 방법 중 하나가 몸을 건강히 하는 것이라는 말이 바로 여기서 비롯되는 것이다.

호주워킹홀리데이에 관한 독설
술 먹다 앰뷸런스로 끌려간 사람들

1차, 2차도 모자라 3차, 4차……끝까지 가는 시스템. 그리고 술집 근처로 널브러져 있는 토사물들. 아마 한국에서 술 먹는 사람이라면 다 한 번 이상 봤을 광경들이다. 하지만 호주인들에게 그런 모습은 낯설기만 하다. 그들은 적당히 술을 먹는 문화에 익숙하기 때문이다.

필자가 호주에 있을 당시 실제로 본 사건이다. 어떤 파티가 있어서 오랜만에 소주를 먹게 된 날이었다. 한국에서처럼 술자리는 점점 길어졌고, 취기가 올라온 친구 하나가 사라졌다. 그리고 만 하루가 지난 다음에 그 친구는 풀이 죽어서 나타났다. 술자리를 나와서 시티를 돌아다니다가 한 쪽 구석에서 구토를 한 모양이었다. 그리고는 앉아서 쉬고 있는데 난데없이 구급차가 와서 자신을 데리고 간 것이다. 그 이유는 주변에서 구토하는 것을 본 누군가가 사람이 죽을 것 같다고 신고를 했고, 구급차가 현장으로 온 것이다. 결국 그 친구는 당시 800불에 해당하는 벌금을 내야만 했다. 한순간에 튀어나온 한국에서의 술버릇 때문에 80만 원이나 되는 벌금을 물게 된 것이다.

실제로 호주에 와서도 한국에서처럼 술에 찌들어 사는 사람이 많다. 특히나 맥주 같은 경우는 낮에도 많이 먹고, 박스 단위로 사게 되면 가격도 저렴해서 집에 쌓아두고 먹는 경우가 많다.

호주에서 앰뷸런스에 실려간 경험, 그것이 추억이 될 수 있을까? 호주에 있는 동안 한국에서의 술 문화는 잠시 잊고, 늘 초심을 잃지 않도록 해야 할 것이다.

45
텍스파일 어떻게 신청하나요?

호주워킹을 와서 가장 먼저 해야 되는 일 중의 하나는 텍스파일 넘버를 신청하는 것이다. 텍스파일 넘버신청하는 방법은 우선 호주 국세청사이트(www.ato.gov.au)로 가서 메인 왼쪽 상단 For individuals를 클릭한다. 클릭 후 Apply for a tax file number를 클릭한다. 그 후 Online individual tax file number(TFN) registration을 클릭한다. 그 후에는 본격적으로 텍스파일을 신청하기 위한 비자타입인지에 관한 질문들이 나온다. 텍스파일 신청이 가능한 비자는 유효한 영주권비자, 유효한 일을 할 수 있는 비자(457비자, 호주워킹비자), 학생비자, 기타 호주에 영구히 머무는 것이 허락된 비자 등이 있다. 일을 할 수 있는 타입이 아닌 관광비자 같은 경우는 신청이 불가능하다.

보통 한 달 이내에 자신이 설정한 주소로 텍스파일넘버가 기입된 우편물이 보내지며 한 달 이상 걸리는 경우는 텍스파일 신청할 당시 부여받은 접수번호를 통해 ATO에 신청상황 및 결과를 문의할 수 있다. ATO에서는 영어가 안 되는 사람들에게 무료통역 서비스를 제공하니 영어가 안 된다고 당황하지 말자.

호주워킹홀리데이에 관한 독설
무지한 것이 죄다

한국에서는 그 누구보다 앞장서서 리더십을 발휘했던 사람들이 호주에 와서는 수동적인 인물이 된다. 그 이유는 영어가 안 돼서다. 처음에는 열정으로 뭐든지 해보려 하지만 의사전달이 되지 않으니 열정은 아무짝에도 쓸모없게 된다.

그러다보니 모든 것을 영어 잘 하는 사람들에게 물어보고 의존하는 자신을 발견하게 된다. 물론 도움요청을 하는 것이 잘못되었다는 것은 아니다. 모르면 물어봐서 옳게 만드는 것은 당연한 거다. 하지만 그렇게 의존하는 사람들의 대부분이 안타깝게도 영어 잘하는 한국인에게 이용당한다. 의심 한 번 하지 않고 그들에게 의존하기 때문이다.

억울한 사정 들어줄 사람 어느 하나 없다. 그 억울한 사정을 듣는 경험 많은 한국인 워홀러는 말한다.

'무지한 것이 죄다.'

46
호주환경 자원봉사를 하고 싶습니다. CVA에 대해서 알려주세요.

CVA란 Conservation Volunteers Australia의 약자로 호주 전역에서 환경 및 자연보호활동을 하고 있는 비영리 단체다. 1982년 설립된 후 현재 4~5만 명 정도가 활동중이다. 영어권 국가 출신들과 함께 호주의 대자연 속에서 생활하며, 공동체의 소속감을 가지고 영어체험과 함께 문화체험을 동시에 할 수 있는 프로그램이다.

보통 CVA는 호주인 팀 리더를 필두로 해서 6~10명 정도의 멤버로 구성된다. 영국, 프랑스, 독일, 덴마크, 스웨덴 사람들이 주를 이루고 있는데, 근래에는 한국인 워홀러들도 많이 참여하고 있다.

CVA는 70세 미만이라면 자격이 있으며 비자 종류와 상관없이 참여 가능하다. 호주 정부 및 민간기업으로부터 예산의 대부분을 지원받기 때문에 참가비용이 저렴하다. 여기서 다시 한번 중요한 사실은 기본적인 영어회화가 가능해야 된다는 것이다.

활동내용은 나무심기, 호주자생식물 씨앗 채집, 공원 산책로 보수 건설 및 유지, 멸종식물·동물 조사 관찰 보호, 유적지 보호 등이 있다.

호주워킹홀리데이에 관한 독설
기본적인 회화가 가능해야 자원봉사도 한다

"저 CVA 하고 싶습니다. 자격요건은 없다고 들었어요."
물론 없다. 하지만 영어실력이 되지 않으면 그 활동은 전혀 무의미하게 되며 자신에게도 큰 득이 되지 않는다. 물론 사랑을 나누는 데는 언어가 안 되더라도 마음과 몸짓으로 소통이 가능한 것도 사실이다.

하지만 CVA는 그룹을 지어서 활동한다. 예를 들어 공원 산책로 보수건설 같은 것을 할 때 호주인 팀장이 어떤 식으로 일을 하라고 지시할 것이다. 그것을 못 알아듣는다고 생각해보자. 못 알아듣는 한 사람을 위해서 그 팀장이 시간을 할애할 수 있겠는가.

다른 팀원들에게 방해가 될 수 있으며 스스로도 바늘방석에 앉은 느낌이 들 것이다.

수없이 많은 사람들이 CVA, 우프 같은 비영리 활동의 경우 영어가 안 돼도 그 안에서 다 해결될 수 있을 거라고 생각한다. 하지만 그 역시 사회활동 아닌가? 인간사회에서 가장 기본이 되는 언어가 안 된 상태에서는 하기 어려운 활동인 것이다.

CVA는 젊은이의 패기와 열정을 기다리고 있다. 하지만 언어가 되지 않는 사람은 거부한다. 그것이 현실이다. CVA를 가고 싶다면 일정 수준 이상의 언어능력부터 갖추자.

47
호주도 우리나라처럼 대형마트가 있나요?

호주의 대형마트는 다음과 같다.
① BIC W : 책, DVD, 디지털 카메라, 옷, 신발, 애완용품, 공구, 자동차용품 같은 제품 판매.
② K-MART : 가구, 전자제품, 주방용품 및 각종 생활용품 판매.
③ TARGET : 옷, 그릇, 이불, 아기용품, 장난감 등의 생활용품 판매.
④ COLES, WOOLWORTH, BILO : 대형슈퍼마켓 체인점으로 식료품과 생활용품 판매.

 호주에서 살아남기 TIP
호주에서 간단한 쇼핑을 할 때는 주말시장을 이용하자.

48
호주는 슈퍼마켓에서 술을 안 파나요?

우리나라의 경우 술은 슈퍼마켓 같은 곳에서 손쉽게 살 수 있다. 하지만 호주 같은 경우는 BOTTLE SHOP에서만 구입이 가능하다. 식당에서도 따로 술을 팔지 못한다. 가끔 BYO(bring your own bottle)라는 표지를 통해서 '술은 당신이 가지고 와서 먹어라'라는 메시지를 전하는, 우리나라에서라면 '뭐 이런 음식점이 있어'라고 할 음식점이 많다.

보통 한 병 한 병 사는 것보다는 박스 단위로 사면 훨씬 저렴하다. 그래서 시티에 사는 워홀러들 대부분이 박스 단위로 맥주를 사다 놓고 먹는 경우가 많다. 그리고 호주에는 각 지역마다 그 지역을 대표하는 맥주들이 있다. 그중 둘을 소개해 보면, XXXX는 브리즈번 맥주이고 VB는 빅토리아 맥주다. 그리고 맥주를 마실 수 있는 곳에서는 안주를 따로 제공하지 않는 것이 보통이다.

호주에는 아침 일찍 일어나고 이른 저녁에 잠드는 생활습관 때문인지 저녁에 술을 마시는 사람보다는 낮술을 먹는 사람들이 은근히 많다. 호주는 우리나라처럼 밤이 되면 더 활기찬 곳이 아니다. 8시 이후가 되면 대부분의 상점이 문을 닫는다. 그래서 주당들에게는 아주 심심한 동네가 호주다. 그러기에 이런 말이 있는 것이다.
"지루한 천국 호주, 재밌는 지옥 한국."

호주에서 살아남기 TIP

대도시에서 배낭여행자를 위한 펍(술집)이 있는지 찾아보면 간혹 무료 맥주나 1불짜리 맥주를 파는 곳이 있다.

49
쇼핑을 할 때 홈브랜드 제품하고 REDUCE 제품을 이용하라던데, 그게 뭔가요?

호주워홀에서는 돈을 얼마나 절약하며 사느냐가 가장 중요한 성공의 키포인트라고 여러 차례 강조한 바 있다. 고정적으로 나가는 교통비, 방값 등은 어쩔 수 없다고 해도, 그 외에는 본인 하기 나름으로 생활비를 크게 절약할 수도 있다.

필자가 호주에 있는 동안 터득한 쇼핑 노하우를 알려주겠다.

첫 번째, 여러 상점을 돌아다녀라!
한국에서 음료수는 대형마트가 아닌 이상 거의 비슷한 가격으로 거래된다. 하지만 호주에서는 음료수 하나를 사먹더라도 상당한 가격차가 있는 것을 알게 된다.

먼저 우리나라의 이마트, 홈플러스와 같은 개념이라 할 수 있는 COLES, WOOLWORTH, BILO라는 곳이 있다. 사람마다 COLES가 더 싸다, 아니다 WOOLWORTH가 싸다, 혹은 음료수는 COLES가 저렴하고 생활용품은 WOOLWORTH가 저렴하다……, 각자 중구난방이다.

사실 모두 다 맞을 수도 있는 이야기다. 하지만 진실은 번갈아가며 싸게 판매한다는 것이다. WOORWORTH 새벽청소를 7개월 동안 하면서 호주인 셰어 주인인 베리에게 들은 이야기에 따르면, 쇼핑센터의 양대 산맥이라 할 수 있는 COLES와 WOOLWORTH에서는 매주 가격경쟁을 한다. 그런데 가격경쟁 방식이 조금은 독특하다. 우리나라 같으면 대한민국 최저가격 신고제를 내세우며 자신이 싸다는 것을 홍보하지만, 이곳은 특이하게도 서로 돌아가면서 품목 할인을 한다.

즉, COLES가 오렌지주스를 2리터에 2달러라는 가격으로 1주일간 할인행사를 하는 동안, 같은 기간에 WOOLWORTH는 탄산음료에 대한 할인행사를 한다. 그리고 다음 주가 되면 서로 입장이 바뀌어서 COLES는 탄산음료에 대한 할인행사를 하고 WOOLWORTH는 오렌지주스를 할인하는 식이다.

결국 처음에 아무것도 모르는 사람들이 쇼핑을 하면서 이곳이 음료수가 싸니 다른 물품도 싸겠지라고 판단해 한꺼번에 쇼핑하는 경우가 많아 손해를 보게 되는 것이다. 그러기에 절약하고 싶다면, 처음부터 사야 할 품목을 메모하고 최소 두 군데 이상의 쇼핑센터를 들러서 비교분석한 후에 사는 것이 훌륭한 방법이라 하겠다.

두 번째, HOME BRAND 제품을 이용하라!

이것은 우리나라 이마트 같은 곳에서 자신의 브랜드를 걸고 우유나 주스 같은 것을 파는 것과 마찬가지다. WOOLWORTH나 COLES 회사가 개발한 제품을 그들 자체 브랜드를 붙여 파는 것을 말한다. HOME BRAND 제품이라고 해서 품질이 떨어지는 것은 아니다. 보통 콜라 등의 탄산음료는 HOME BRAND 제품을 사지 말라고들 한다. 하지만 다른 제품들이라면 HOME BRAND 제품도 먹을 만하니 그것을 이용하는 것이 돈을 절약하는 방법이다.

세 번째, REDUCE 제품을 이용하라!

보통 상점이 문을 닫기 1시간 전쯤에는 웬만한 제품에 REDUCE라는 스티커가 붙어 있다. 보통은 2달러 하는 식빵이 1달러로 내려가는 경우도 있다. 왜 이렇게 싸게 팔까 품질을 의심할 수도 있겠으나, 걱정하지 않아도 된다.

필자가 새벽청소를 하면서 지켜본 바로는 그들의 식품관리 시스템은 아주 엄격하고 철저하다. REDUCE 스티커가 붙은 제품은 당일에 팔리지 않으면 고스란히 쓰레기통으로 직행한다. 청소를 하면서 가장 많은 쓰레기가 바로 음식물 쓰레기였다. 정말 멀쩡하다 싶은 고기도 REDUCE 스티커 두 장을 붙여도 안 팔리면 고스란히 쓰레기통으로 보낸다. 그러기에 그들은 50% 이상 70~80%까지 가격 할인을 하는 것이다. 우리나라 사람들은 보통 닭이나 고기 같은 경우 냉동실에 보관하거나 요리할 때 양념에 재워서 먹는 경우가 많으니 그런 제품을 사는 것이 돈을 절약하는 방법 중의 하나다.

네 번째, EASTER DAY, BOXING DAY를 전후로 해서 쇼핑을 하라!

일반적으로 호주에서 모든 물건을 가장 저렴하게 살 수 있는 때는 12월이다. 이때 K-MART나 TARGET 같은 곳을 가게 되면 옷이나 전자제품이 50%에 가까운 할인 폭을 자랑한다. 그러므로 호주에 12월에 들어갈 경우 웬만한 제품은 다 호주에서 사는 것이 좋다. 호주인들조차 1년에 한 번 있는 BOXING DAY를 기다릴 정도로 12월은 자신의 맘에 드는 제품을 살 수 있는 쇼핑의 기회라고 생각하면 될 것이다.

50
버스, 지하철에서 물건을 분실했다면 어떻게 해야 하나요?

브리즈번 지역에서 잃어버렸다 가정해보면 다음과 같다.
일단 버스에서 잃어버렸을 경우, 핸드폰으로 국번없이 3403-8888번으로 전화한다. 상담원에게 물건을 잃어버린 버스 번호, 시간대, 버스가 어디에서 어디로 가는 버스였는지, 자기가 어디에 내렸는지, 어디에 앉았었는지 그리고 물건의 특징 등을 알려준다. 지갑의 경우라면 가죽인지, 비닐인지, 색깔은 어떤지, 그 안에 ID 카드는 있는지 등등을 자세히 알려줘야 한다. 핸드폰이라면 핸드폰 특징과 SIM카드 번호도 알려줘야 한다. 참고로 SIM카드 번호는 핸드폰을 샀던 곳에 물어보면 알 수 있다.
물건이 발견되면 CITY에 있는 CITY LIBRARY, LOST PROPERTY에서 찾을 수 있다.

트레인에서 잃어버린 경우라면 3235-1859로 전화한다. 물건은 Rome Street Station Ground Level에 있는 Lost Property에서 찾을 수 있다.
통상적으로 잃어버린 물건은 3일 이내에 찾을 수 있다. 물건을 잃어버리면 찾을 수 없다고 지레 낙담하지 마라. 우리나라에서처럼 분실물 센터에서 잃어버린 물건을 찾을 수 있다. 그런데 확실한 것은 영어가 되지 않으면 상담원에게 내용을 전달할 수 없다는 것이다. 그러기에 생활하는 데 가장 기본이 되는 것이 언어라 말하는 것이다.

호주에서 살아남기 TIP

시내교통은 주말이나 출퇴근 이후의 오프피크(off-peak) 시간대에는 정상요금의 50%로 이용 가능하다. 호주 현지에서 영화 관람을 할 경우 할인요금이 적용되는 날을 이용한다. 보통은 화요일에 할인이 된다.

호주에서의 취업

자신이 한국에서 전문직에 종사한다고 해서
호주에서도 전문직에 종사할 수 있다고 생각하면 오산이다.
필리핀에서 교수생활하던 사람이 한국에서 와서는 3D 업종에서
노동착취를 당하며 일하는 것을 생각해보길 바란다.

6

51
호주 시드니에는 일자리가 많나요?

워홀러가 가장 많이 가는 지역이 어디일까? 그 답은 보통 사람에게 '호주를 상징하는 도시가 어디인가?'라는 질문을 하면 바로 나온다. 그렇다. 시드니다. 그런데 왜 시드니에 일자리가 많다고 소문이 난 것일까? 그리고 정말 호주의 시드니에 일자리가 많을까?

일자리가 많은 것은 사실이다. 그런데 한 가지 간과하고 넘어가는 것이 있다. 그것은 일자리를 구하려는 사람들이 넘쳐나는 곳도 시드니라는 것이다. 그리고 또 한 가지, 한인사회가 가장 잘 발달되었다는 것. 한인사회가 잘 조성이 되어 있으니 도움을 많이 받을 수 있을 것이라 생각한다. 그런데 현지의 모습은 그렇지 않다. 한국 교민들은 저렴한 노동력을 제공하는 워홀러들만을 환영한다.

실제로 호주 시드니로 가는 사람들 중에는 한국에서 미리 일자리를 구해놓고 가는 사람이 많다. 그런데 참으로 애석하게도 호주의 법정 최저임금에 못 미치는 금액을 받는 경우가 대부분이다. 왜 그런 현상이 벌어지는 것일까? 그 문제는 우리나라에서 동남아시아인이 한국의 노동법에 준해서 급여를 받는가를 자문해보면 답이 나온다. 똑같은 경우다. 호주 시드니에는 불법 캐시잡이 판을 치고 있다. 한국인이 고용주로 있는 일들이 많은 것이다. 세금을 떼지 않고 그냥 돈으로 받는 것 자체가 불법이다. 오히려 세금을 떼지 않으면 더 많은 돈을 받아야 정상인데 세금을 뗀 금액보다 적은 돈을 받는 것이 호주 캐시잡의 현실이다.

그렇게 시드니에는 캐시잡을 하고 있는 사람들이 많다. 정말 현명한 사람은 영어가 안 되는 상태에서 시드니를 가지 않는다.

물론 영어가 된다면 시드니가 대도시인 만큼 구할 수 있는 일자리도 많다. 그곳에서 당당히 경쟁해서 좋은 일자리를 구할 수 있을 것이다. 하지만 그렇지 않다면 한국에서 일하는 동남아시아인의 처지와 비슷해진 자신을 보게 될 것이다.

호주워킹홀리데이에 관한 독설
한국인을 믿지 마라

한국인. 한일 월드컵 때 보여준 동족애! 오! 필승! 코리아! 그런 마인드로 호주를 갔던 많은 사람들이 듣는 말이 있다. "한국인을 절대로 믿지 마라."

처음에는 설마 하는 생각에 그 말을 무시하지만 시간이 지나면 지날수록 한국인이 싫어질 것이다.

실제로 우리가 짱꼴라라고 부르는 중국인들은 절대로 자신의 동족을 이용해 먹지 않는다. 쪽발이라 부르는 일본인들도 절대로 불법적인 일에 자신의 동족을 이용하지 않는다. 하지만 한국인들, 그들에게 한국인 워홀러는 호주노동법에 준해서 임금을 줄 필요가 없는 노동자로 여겨질 뿐이다. 물론 모든 교민들이 그런 것은 아니다. 하지만 호주에서 한국인이 많은 지역에는 어디나 그들에게 상처받은 사람들이 존재한다.

그들에게 이용당하지 마라. 호주 실정을 정확히 파악함과 동시에 불합리한 사안에 대해서는 막힘없이 따질 수 있을 정도의 영어 실력을 갖추는 것이야말로 그렇게 이용당하지 않을 수 있는 가장 확실한 길이다.

52
바리스타 자격증은 어떻게 취득하나요?

최근 호주워홀 패키지라는 말을 많이 들어봤을 것이다. 이제는 호주워홀도 단순하게 일반영어가 아닌 특수영어를 공부해오는 추세다. 1년 동안 단순하게 일반영어만 해가지고 왔다면 사회에서 명함을 내밀지 못하기 때문이다.

그중에서 근래 많이 뜨고 있는 것 중에 하나가 바리스타 과정이다. 바리스타 과정은 일정 수준(IELTS 5.5)이 돼야 그 과정을 들을 수 있다. 하지만 요즘에는 대부분의 학교들이 패키지 형식으로 묶어서, 즉 12주는 일반 제너럴영어를 듣고 1주 바리스타 코스를 듣는다든지 아니면 16주를 듣고 1주 바리스타 과정을 듣는 식으로 패키지가 나오고 있다. 영어에 자신이 있다면 자체 테스트를 거쳐서 바로 바리스타 과정을 듣는 것도 하나의 방법이며, 본인이 거주하는 지역 문화센터를 가보게 되면 학교에서 제공하는 금액보다 약 반액 정도 수준으로 바리스타 자격증 취득이 가능하다.

점점 시간이 지나가면 갈수록 패키지 프로그램은 더 늘어날 것이다.
우리 사회는 갈수록 무한경쟁으로 치닫고 있기 때문이다.

호주워킹홀리데이에 관한 독설
워킹홀리데이 패키지가 생겨나는 이유

바리스타 패키지, 농장패키지, 인턴십 패키지.
왜 이런 식으로 패키지가 나오는 것일까? 그 이유는 한마디로 그 전까지 워홀러들이 별다른 것을 얻어오지 못했다는 인식 때문이다. 1년의 호주워홀을 되돌아보면 아무것도 이룬 게 없는 상태, 대부분이 그렇게 느낀다는 것이다. 그냥 추억만 가지고 올 뿐이다. 사실 우리나라가 아니라면 그런 상황을 그렇게 심각하게 생각하지 않을지도 모른다. 하지만 우리나라는 격심한 경쟁사회다.
1년을 단순하게 생각하고 가는 학생들이 돌아와 보면 자신의 뜻과는 상관없이 사회가 그 1년을 냉정하게 평가한다는 것을 알게 된다. 놀다왔는지 아니면 보람되게 보냈는지에 대해서. 개인의 추억을 들어줄 사회가 아니라는 것은 다 알 것이다. 가장 중요한 것은 누가 봐도 객관적으로 잘해왔다는 것을 보여줘야 한다는 점이다.

53
RSA가 있으면 취업에 도움이 된다는데 RSA가 뭔가요?

RSA란 Responsible Service Of Alcohol의 약자다. 즉, 알코올을 취급할 수 있는 수료증이라고 할 수 있다. 교육내용은 거의 법률과 관련되어 있는 것으로, 18세 미만에게는 술을 주지 말라든가, 반드시 미성년자는 ID체크를 해야 된다든가, 이 법을 어기면 우리나라처럼 벌금을 문다든가 하는 것이 주된 내용이다. 호주의 경우 RSA를 수료하지 않으면 주류취급을 할 수 없기 때문에 레스토랑이나 펌 같은 곳에 취업하기 위해서는 RSA 수료가 필수다.

호주워킹홀리데이에 관한 독설
RSA 따면 100퍼센트 취업되나요?

대단한 자격증이라도 되는 것처럼 RSA를 따면 취업이 쉽게 될 거라고 생각하는 학생들이 많다. 하지만 RSA라는 것이 호주인들도 그쪽 관련 일을 하려면 필수적으로 갖춰야 할 조건일 뿐인 것이지 그것만으로 취업이 되는 것은 결코 아니다.
RSA를 가져야 그쪽 분야에 이력서라도 제출할 수 있다는 것이다.
근래에는 많은 사람들이 RSA 수료증을 가지고 있다. 그들과의 경쟁이다. 그들과의 경쟁은 당연히 영어실력이라는 것을 인지하길 바란다.

54
화이트카드가 뭔가요?

호주에서는 건설현장 같이 위험한 곳에서 일을 하게 되면 안전수칙에 대한 교육을 받았다는 것을 증명하기 위한 카드를 발급받아야 된다. 건설현장작업을 수행하는 근로자에 대한 건설안전정신 교육으로 그에 관한 수료증이라고 생각하면 이해가 쉽다. 보통 교육하는 사설기관에 따라서 자격증 취득가격은 다르나, 보통 4시간 교육 후 시험을 보는 오프라인 사설 교육기관은 평균적인 금액 120불 내외로 책정이 되어 있다. 그리고 온라인으로 진행할 경우에는 약 40~60프로 정도 저렴한 $60 내외 정도로 자격증 취득이 가능하다. 화이트카드에 관한 준비는 다음 사이트를 참조하자.

http://www.whitecardonlineguide.com.au/

온라인으로 취득을 원한다면 시험을 본 후 공증사무실을 거쳐서 JP검증을 받아야 하는 지역도 있다. 서 호주 같은 경우는 따로 JP검증이 필요하지 않지만 QLD 주는 검증이 필요하다.

 호주에서는 눈물 나는 일이 많다.
눈물을 덜 흘리려면 정보력과 실력을 갖추어야 한다.

호주워킹홀리데이에 관한 독설
막노동을 하더라도 화이트카드를 따고 해라

타일 데모도, 영어로 적혀 있고 일당은 150불.
왠지 쏠쏠한 느낌이 든다. 150불이면 1달러에 900원으로 치면 약 13만 원. 괜찮은 조건 같다. 하지만 우리나라에서처럼 새참이 나오는 막일을 생각한다면 큰 오산이다. 쉬는 시간이 없다, 죽어라 일만 해야 한다. 그렇게 일이 끝나 150불을 받아들면 눈물이 날 것 같다.

호주에서 막일을 하는 한국인들은 많다. 하지만 화이트카드를 발급받고 일하는 사람들은 드물다. 그런 제도가 있다는 것 자체도 모르는 사람이 많다. 화이트카드, 블루카드, 둘 다 건설현장 같이 위험한 곳에서 일할 수 있는 증명서 같은 개념이다. 카드 없이 150달러를 벌면서 일을 한다면 그것은 캐시잡이다. 화이트카드를 발급받고 일하면 최저임금 17불이 아닌 시급 20불 이상 금액을 받고 일을 할 수 있다. 더군다나 주말이나 공휴일 같은 경우는 더 많은 수당을 받을 수 있다. 그러나 대부분의 워홀러들은 화이트카드의 존재 자체를 모른다. 그러면서 호주를 정복하러 떠난다. 자신이 힘도 있고 열정이 넘친다는 사람들에게 한마디 하련다.
"힘은 외국인들이 더 세다."

55
세컨드 비자가 가능한 일자리의 종류를 알려주세요.

2016년 1월 기준, 세컨드 비자 신청이 가능한 일의 종류

plant and animal cultivation
cultivating or propagating plants, fungi or their products or parts
general maintenance crop work
harvesting and/or packing fruit and vegetable crops
immediate processing of animal products including shearing, butchery in an abattoir, packing and tanning
maintaining animals for the purpose of selling them or their bodily produce, including natural increase
manufacturing dairy produce from raw material
pruning and trimming vines and trees.
fishing and pearling
conducting operations relating directly to taking or catching fish and other aquatic species
conducting operations relating directly to taking or culturing pearls or pearl shell.
tree farming and felling
felling trees in a plantation or forest
planting or tending trees in a plantation or forest that are intended to be felled

transporting trees or parts of trees that were felled in a plantation or forest
to the place where they are first to be milled or processed or from which
they are to be transported to the place where they are to be milled or processed.

mining

coal mining

construction material engineering

exploration

metal ore mining

mining support services

oil and gas extraction

other non-metallic mineral mining and quarrying.

construction

lding completion services

building installation services

building structure services

heavy and civil engineering construction

land development and site preparation services

non-residential building construction

residential building construction

other construction services

호주워킹홀리데이에 관한 독설

한국에서 3D인 일이 왜 외국에서는 낭만이 되는 것일까?

농장, 도살장, 광업, 막노동.
대한민국에서 한창 혈기 왕성한 20대 젊은이에게 이 일을 하라고 그러면 무슨 말을 들을까? 아마도 나를 무시하는 것이냐며 멱살잡이를 할 것이다.
그런데 참 희한한 현상이 있다.
그것은 바로 한국에서는 그렇게 3D라며 기피하는 일들인데, 호주에서는 선착순으로 마감해야 할 정도로 그 일을 하고 싶어하는 사람이 많다는 사실이다.
필자 역시 호주에서 새벽청소와 농장 일을 했었다. 그 경험담을 이야기하자면 차라리 군대 유격훈련을 받는 것이 더 낫겠다 싶을 정도로 참혹했다. 사실 영어가 안 되어서 그런 일밖에 할 수 없었지만 한국에 있을 때만 해도 나는 외국에서의 농장체험을 그렇게 나쁘게만 보지는 않았었다. 뭔가 모를 낭만 같은 것이 있으리라는 생각도 들었다.
당시 나의 마음처럼 지금 외국에 일하러 가는 워홀러들은 한국에서 그렇게 싫어하는 그 일에 젊음을 바친다. 그 일들이 잘못되고 하찮은 일이라고 말하는 것이 아니다.
나는 그 일을 한 사람들이 한국에 귀국한 이후가 걱정된다. 한국은 그런 일을 하고 온 사람을 환영할 사회가 아니다. 우리가 왜 사회에서 인정하지 않는 대학을 가면 왜 편입공부를 하며, 토익점수는 왜 따며, 자격증은 왜 따려고 하는가? 결국은 사회에 잘 보이기 위해서가 아닌가?
세컨드 비자를 신청할 수 있는 일들이 왜 모두가 하나같이 우리나라에서 3D 업종에 해당하는 일이란 말인가? 지금 이 순간에도 대한민국 젊은이들이 국내에선 하지 않을 3D 업종에서 젊은 열정을 쏟는 것 같아서 마음이 아프다.

56
미용사 자격증이 있는데 호주에서는 어느 정도의 페이를 받나요?

기술이 필요한 전문직종 중에 호주워홀을 가장 많이 가는 직종은 단연 미용사다. 미용사로 근무하고 있는 사람의 공통된 이야기는 어차피 한국에서 근무하나 호주에서 근무하나 돈은 비슷하게 받는다는 것이다. 그래서 호주워홀을 가는 것이 좋겠다고 생각했고, 먼저 호주에 가 있는 친구나 현지 미용실을 하는 사람에게 일자리까지 알선받은 상태라고 이야기한다.

그런데 그렇게 가는 사람들이 착각하는 것이 있다. 그것은 법에 규정된 최저임금에 준해서 주지 않는 것이 그곳의 노동현실이라는 점이다. 일단 페이에 대해서는 모른 채 누군가가 일자리를 주니까 간다. 그래서 대부분 노동착취를 당한다. 캐시잡에서 당하는 부당한 대우는 전문직도 예외가 될 수 없다. 노동착취를 당하는 것을 알아도 하소연할 곳이 없는 것이다. 지금 어떤 식으로든 고용되어 있다는 사실만으로도 감사하는 사람이 대부분인 것이 지금 호주워홀의 현실이다.

호주워킹홀리데이에 관한 독설
호주인들도 실업에 시달린다

"저는 건축학도예요. 그와 관련된 일을 하고 싶어요."
"저는 유치원에서 일하고 있거든요. 어린이들을 가르치고 싶어요."
"저는 호텔경영을 전공하고 있어요. 그쪽 관련해서 일하고 싶어요."
위와 같은 경우의 정답은 뭘까? 건축학을 전공하는 사람은 타일데모도(막노동), 유치원 일을 하는 사람은 서빙, 호텔경영 전공자는 잘하면 호텔에 들어갈 수도 있지만 손님을 상대하는 일이 아닌 변기청소 같은 것을 한다고 생각하면 된다. 물론 영어가 안 되는 사람에 한해서 해당되는 이야기이다.

영어가 된다고 해도 근래 호주의 경제는 암울하기만 해서 일자리를 구할 수 있다고 장담하지 못한다. 실제로 호주는 세계경제 침체와 더불어 최악의 경기불황을 맞고 있다. 그런 상황에서 영어 못하는 한국인을 고용할 사람은 없다. 어떻게든 되겠지 하는 생각은 무모한 바람에 불과하다.

전문적인 능력이 있다면 그 능력에 맞는 이력서를 들고 찾아가라. 그것이 진정한 도전이다. 그리고 한국인의 가장 큰 힘인 성실함을 보여줘라. 그러면 아무리 좋지 않은 상황이라도 취업할 수 있을 것이다.

자신이 한국에서 전문직에 종사한다고 해서 호주에서도 전문직에 종사할 수 있다고 생각하면 오산이다. 필리핀에서 교수 생활하던 사람이 한국에 와서는 3D 업종에서 노동착취를 당하며 일하는 것을 생각해보길 바란다.

57
농장에서 일하면 돈을 많이 벌 수 있나요?

영어실력이 안 되도 갈 수 있는 곳, 그곳은 농장이다. 하지만 많은 사람들이 생각보다 많은 돈을 벌지 못한다. 처음 일손이 부족할 때의 농장시스템은 시간당 16불 이상을 주는 고소득이었다. 하지만 사람들이 몰리면서 그 임금은 점점 낮아지기 시작했다. 그러다 보니 농장임금 시스템이 계약 개념으로 바뀌게 되었다. 많이 하는 사람은 많이 벌고, 못하는 사람은 못 버는 구조로 바뀌었다.
굉장히 공정하다고 이야기할 수 있다. 하지만 수확을 할 때 5,000불에 해당하는 금액이 나오는 농장에서 100명의 일꾼이 있다 치자. 정말 기계처럼 잘하는 사람은 200불 정도 버는 사람도 있다. 그런 사람들을 일컬어 신이라고 한다. 농장 신. 하지만 그들은 몇몇에 불과하고 대부분의 사람들은 70~80불을 번다. 일꾼들이 많다 보니 하루에 따야 할 양도 금방 동이 나고, 나중에는 이 농장 저 농장 전전하다 호주워홀 1년을 마치는 경우가 대부분이다.

호주워킹홀리데이에 관한 독설
농장 신들의 진실을 아시나요?

농장에 대해서 이견들이 많다. 대박이다. 농장을 가면 한 달에 8,000불까지 벌 수 있다는 사람이 있고, 어떤 사람은 쪽박 찬다고 절대로 가지 말라는 사람이 있다. 어느 쪽이 진실일까? 필자 역시 호주농장에서 5개월 정도 일을 했지만 돈을 쥐어본 적이 없다. 일을 못해서일까? 일도 못하고 요령도 없어서 그런지도 모르겠다.
하지만 농장의 운영 방식을 살펴보면 왜 그렇게 되는지를 알 수 있다.
필자가 갔던 농장 중에서 호주에서도 유명한 에메랄드 팜이 있다. 그곳의 농장주는 말한다. 이곳에서 잘하는 사람은 대부분 하루 200불을 받고, 초보자도 처음엔 서툴러서 80불 정도 받지만 한 달 정도 지나면 하루 100불 이상은 벌 수 있다고. 그런데 한 달도 되지 않은 시점에서 발견된 농신(農神)들의 모습이란…….
노하우가 있었다. 제대로 된 포도만 따라는 농장주의 지시는 농신들에게는 잔소리일 뿐이다. 제대로 된 포도만 따면 돈이 안 된다. 그들은 잼 만드는 데나 쓰일 듯한 으깨진 포도들을 밑에 깔고 포도 상자를 채웠다. 그러다 보니 초보자들은 그 농신들을 따라갈 수가 없는 것이다.
재수 없게 걸리기도 하지만 경고에 그치는 경우가 대부분이다. 걸리면 재수 없는 것이고, 걸리지 않으면 돈을 많이 벌 수 있는 농장 일의 현실. 양심에 호소하여 제대로 된 것을 따라고 말하지만 현실에서는 점점 시간이 지날수록 농장 신이 되어가는 자신을 보게 될 것이다.

58
영문이력서는 어떻게 작성하나요?

호주에서 일하기 위해서 영문이력서는 필수다. 농장이나 공장 같이 영어를 쓰지 않는 일은 영문이력서가 필요하지 않지만 캐시잡이 아닌 이상 대부분의 일은 영문이력서를 통한 심사를 거친다.
대부분의 사람들은 별다른 준비 없이 인터넷에 올려져 있는 일반적인 영문이력서를 제출한다. 하지만 고용주는 그런 이력서를 거들떠보지도 않는다. 수많은 이력서 중에서 어필할 수 있는 이력서라야 통한다. 호주교민의 이력서를 하나 소개해본다.

Objective
I have solid hand-on experience in retail and hospitality industry and am applying for an opportunity to be part of your business.

Education
Current Queensland University of Technology, Gardens Point.
Bachelor in Medical Science
2006~7 Queensland University of Technology, Kelvin Grove.
Bachelor in Human Movement studies.
Work Experience
Current Parklands bar & grill. Rydes Hotel South Bank
Waitress

2007 The Coffee Club BRISBANE Square
2007 Spotless
stewardess Suncorp Stadium
2006 Pinnacle Travel & Hospitality people Various locations
F&B Attendant, Barista, Silver Service, Sreward
2006 Base Restaurant & Bar Spring Hill, QLD Waitress
2005 THE BODY SHOP
X-mas Casual Gift Wrap Indoorppilly, QLD

Other Qualifications
The Coffee Club Barista Qualification
Responsible Service of Alcol

About me
I am able to work independently without supervision with specific given direction and timeline, and I am a strong team worker. I am conscientious, reliable, loyal, trustworthy, enthusiastic and self-motivated. I am always willing to work with a positive and confident attitude. I am always eager to improve and learn new skills and am open to positive and constructive criticism. I have an excellent telephone and communication skills as well as the ability to work under pressure.

호주인들의 말을 들어보면 워홀러들의 영문이력서는 대부분 비슷하다고들 한다. 인터넷검색을 통해 얻은 영문이력서 양식에 내용을 채워서 제출하기 때문이다. 고용주의 입장에서 생각해보면 주어진 이력서 양식에 칸 메우기만을 한 워홀러들의 이력서보다는 자신의 개성을 드러내는 이력서에 눈이 갈 것이다. 자신을 어필할 수 있는 영문이력서를 작성해 가지고 가도록 하자.

호주 고용주들은 준비되어 있는 자에게 일자리를 제공한다.
지금 현재 자신이 준비되어 있는 사람인지 한 번쯤 생각해보기 바란다.

호주워킹홀리데이에 관한 독설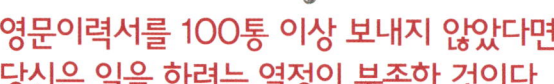

영문이력서를 100통 이상 보내지 않았다면 당신은 일을 하려는 열정이 부족한 것이다

일을 구하기 위해서 얼마나 많은 이력서를 제출해야 할까?
실제로 호주에서 일하고 있는 사람들 대부분은 수백 통을 뿌렸다고 말한다. 과장이라고 여길지 모르나 호주에서는 우리나라처럼 인터넷을 통해 아르바이트 공고를 내는 법이 없다. 대부분의 상점들은 수시로 이력서를 통해 인력을 뽑는다. 그러므로 영문이력서 100통을 보내야 한 번 정도 연락이 온다는 이야기가 과장이 아닌 것이다.
많은 사람들은 그런 소문 때문에 시티잡 구하기를 꺼린다. 몇 번 이력서를 보내 보고는 연락이 안 온다며 시티잡 구하기를 포기해버린다. 그러고는 영어를 쓰지 않는 농장이나 공장으로 발길을 옮긴다.
그런 사람들에게 묻고 싶다. 얼마나 절실한 심정으로 일을 구했는가? 영문이력서도 단순히 인터넷 검색에서 구한 양식에 내용만 삽입하는 정도로 만들고, 그것도 몇 통 돌려 보지도 않고 나서 연락이 없으니 포기하겠다는 것이 아닌가?
자신이 그 일이 아니면 안 된다는 치열한 마음이 있어야 무슨 일이라도 구할 수 있다.

59
농장정보를 알려주세요.

호주워홀을 준비하면서 자본금이 없는 상태에서 가장 많이 묻는 질문은 농장정보를 알려달라는 것이다. 근데 참으로 희한한 일이다. 왜 한국에 있는 사람이 그 질문에 답을 줄 수 있다고 생각하는가? 세컨드 비자로 호주를 갔다 온 지 2년이 되었지만 사람들은 내게 농장정보를 알려달라고 말한다.

만약에 알려준다고 해도 한국에 그 농장정보가 알려졌다면 그곳은 100% 한국인들밖에 없으니 그곳에서는 영어를 쓸 일이 없을 뿐더러 일손이 남아돌아서 돈도 많이 못 받을 것이 뻔하다.

대박농장이라고 일컬어지는 수많은 농장정보들. 한국에까지 알려진 농장이라면 그곳은 이미 대박공장이 아니다. 진실은 한국인이 적은 곳, 다시 말해 일손이 없는 농장에서 대박이 터진다. 일손이 풍부한 곳에서는 적은 페이 때문에 불평하는 것에 굳이 신경을 쓰지 않는다. 어차피 일하고 싶은 대기자들이 많기 때문이다.

호주 대박농장을 찾고 싶다면 한국에까지 알려진 농장을 찾지 말고, 스스로 지도책을 들고 호주농장주와 컨택해보라. 그러면 흔히 이야기하는 대박농장이 기다리고 있을 것이다.

호주워홀에서 꼭 필요한 것은 도전정신이다.
스스로 자신의 길을 찾아 뛰어라.

호주워킹홀리데이에 관한 독설
왜 호주인데 한글로 구인광고가 나올까?

'새벽청소 주당 1000불 보장, 픽업가능.'
'시티와 가까운 농장 일 하루 150불 보장! 세컨드 비자 보장'
호주워홀을 갔다 온 사람으로서 참으로 의아한 사실이 있다.
내가 갔다 온 곳이 호주인데 왜 나는 한국인이 구인광고를 올린 곳에 목을 맸단 말인가? 지금 생각해보건대 호주인들이 따로 구인광고를 하는 매체는 신문이나 현지 잡에이전시 같은 곳이다. 호주에 사는 워홀러들끼리 공유하는 사이트에는 호주인들의 구인광고는 볼 수가 없다.
왜 그런 현실이 벌어졌을까?
순간 뒤통수를 맞은 느낌이었다. 생각해보면 호주인들이 굳이 한국인을 고용할 이유가 없는 것이다. 그런데 당시 나는 한글로 적혀 있는 그곳이 잡코리아와 같이 모든 일자리 정보를 포함하고 있다고 생각했다. 하지만 그것은 결국 슈퍼바이저(브로커)의 단계를 거쳐서 일을 구하는 것이었다. 말 그대로 한국인이 한국인을 믿지 말라는 이야기에서 언급했던 캐시잡을 스스로 찾게 되는 꼴이다.
워홀은 말 그대로 도전이다. 처음부터 한국인이 올려놓은 일자리에 연연해하지 말고 도전정신을 발휘해보라. 호주인들이 한국어를 배워서 한국인들을 위해서 일자리 공고를 낼 리가 없다. 스스로 자신의 길을 찾아 뛰어라!

AUSTRALIA WORKING HOLIDAY

Q&A 60–63

호주에서의 학업

자신이 하기에 따라 좋은 학교, 나쁜 학교가 나뉘는 측면이 있다.
스스로에게 학교가 안 좋아서 공부를 못했다는 면죄부를 주지 마라.
학교의 장점을 찾아서 내 것으로 만들어라.
그것이 호주워홀의 또 하나의 성공 열쇠다.

7

60
호주학교 영어레벨은 어떻게 되나요?

호주영어학교의 레벨은 다음과 같다.

❶ Beginner level : 현재 몇 개의 영어단어만을 알고 있는 수준으로 의사소통이 힘들어 기초부터 배우는 단계.
(이 반에는 아랍(사우디)쪽, 전혀 영어를 접하지 않은 국가 사람들이 많이 분포되어 있다.)

❷ Elementary level : 일상생활에서 자주 영어를 접하는 상황에서 여행에 필요한 영어와 단순한 의사소통이 가능한 단계.

- IELTS 2.0 정도
- IBT TOEFL 20~40점

❸ Pre-intermediate level : 다양한 일상생활이나 해외여행에 필요한 어느 정도의 의사소통이 가능한 수준. 영어 청취능력, 문법 및 어휘력을 더 개발해야 하는 단계.

- IELTS 3~3.5 정도
- IBT TOEFL 40~60점

❹ Intermediate level : 어느 정도 자신감을 가지고 영어를 말하고 이해할 수 있는 수준. 말하기 능력 및 문법을 공부하고 어휘 수

를 늘리는 과정을 통해 영어실력을 더욱 향상시키는 단계.

- IELTS 3.5~4.5정도
- IBT TOEFL 60~80점

❺ Upper-intermediate level : 편안하고 유창하게 영어를 사용할 수 있는 수준. 토론하고 논쟁하며, 의견을 피력하고 문법과 어휘력을 증진하는 등 영어실력을 향상시킬 수 있는 단계.

- IELTS 4.5~6.0정도
- IBT TOEFL 80~100점
- 캠브리지 FCE 시험 대비반 수강가능한 단계.

❻ Advanced level : 적절한 유머나, 다양한 방식으로 교양 있는 영어를 구사할 수 있는 수준. 어휘 수를 늘리고 언어사용 능력 개발 및 문체를 다듬는 과정을 통해 영어실력을 더욱 향상시키는 단계.

- IELTS 6.0~7.0이상
- IBT TOEFL 100~120점

(각 학교마다 레벨차이가 있으므로 통상적인 수치로 나타내는 내용임.)

첫 레벨테스트에서 어떤 평가를 받느냐가 중요하다.
당황하지 말고 실력을 발휘하자.

호주워킹홀리데이에 관한 독설
토익은 900점인데 레벨은 PRE-INTER

"토익은 900점 정도 되고요. 말하기는 못해요. 제가 무슨 반에 들어갈 수 있을까요?"
학교마다 차이는 있겠지만 그 학생이 들어갈 수 있는 최고 수준은 인터미디어 정도다. 일반적으로 토익 900점이라면 UPPER가 되어야 하지만 그렇게 들어가는 사람은 열에 하나 정도뿐이다. 말하기 영역이 들어가기 때문이다.

짧은 시간(1시간 30분)의 레벨테스트에서 말하기, 듣기, 쓰기, 읽기, 네 가지 영역의 시험을 보게 된다. 우리나라 사람은 수능 세대이다 보니 쓰기, 읽기 분야는 강세를 보인다. 하지만 말하기에서는 발음도 발음이겠거니와 당황해서 그런지 제대로 된 언어를 구사하는 사람이 별로 없다.

결국 짧은 시간 안에 그 사람의 능력을 테스트하는 시험이기에 당황하는 모습으로 인해 초보자란 평가를 받고 자신의 능력보다 낮은 반으로 들어가게 된다. 그렇게 되면 아무래도 자기 실력보다 낮은 수준의 수업을 듣기 때문에 수업이 재미없게 느껴진다.

한 레벨을 올라갈 수 있는 기간은 약 8주에서 12주가 걸린다. 처음에 낮은 레벨로 들어가면 학교를 졸업할 때는 수준 높은 영어를 하고 싶어도 못하는 경우가 된다.

호주워홀의 성공 여부를 판가름하는 중요한 것 중 하나가 첫 레벨테스트를 얼마나 잘 준비했는가 하는 것이다.

61
호주학교는 사설학교가 낫나요? 대학부설이 낫나요?

두 학교의 정의를 바탕으로 이야기를 하겠다. 먼저 일반 사람들이 많이 가는 사설 학교에 대해서 말하면 다음과 같다.

사설학교는 주로 시드니, 멜버른, 브리즈번, 케언즈, 애들레이드, 퍼스 등 각 도시에 집중되어 있다. 독립적인 캠퍼스를 가지고 있는 학교는 드물고 거의 사무실 빌딩 안에 교실이 있다. 학비가 비교적 저렴한 학교를 원하거나 가족적인 분위기에서 영어를 배우고 싶다든지 할 경우에 좋다. 대학부설에 비해 융통성을 발휘하는 학습 운영, 중고생 진학대비 과정, 많은 부대 서비스를 제공받을 수 있다는 것이 장점이기 때문에 영어실력이 부족한 사람에 권할 만하다.

보통 사설은 단기 코스가 많고, 대개는 매주 월요일 개강이기 때문에 입학시기 선택도 자유로운 편이다. 학교수업 이외에 ACTIVITY 활동이 활발하여 자연스럽게 영어 실력을 늘리고자 하는 사람, 즉 교실 수업이 아니라 외국인 친구들과 어울려 친구를 사귀면서 영어를 배우고자 하는 학생들에게 좋은 학교가 사설 영어학교다.

반면 대학부설 어학원은 종합대학교에서 부설 영어연수기간을 설립하여 직접 운영하거나 외부 단체에 운영을 위탁하는 경우가 많다. 대부분의 경우 대학 재학생과 동일하게 대학시설물을 이용할 수 있다는 장점이 있다. 대학부설 어학원은 보통 규모가 크고 체계적이며 수업방식이 사설보다 다소 아카데믹하다. 그러다 보니 처음에 가는 사람은 조금은 빡빡하다는 느낌을 받을 것이다. 그래서 대학부설을 가는 학생은 어느 정도의 영어실력을 갖추고 있거나 대학진학을 목표로 하는 경우가 많다.

즉, 초보자는 처음에는 사설학교를 다니고, 나중에는 대학부설로 가는 것이 좋은 선택이라 할 수 있다.

호주워킹홀리데이에 관한 독설

좋은 학교? 나쁜 학교? 비싼 학교? 저렴한 학교?

"아니 왜 이렇게 이 학교는 비싸요?"
"커리큘럼이 잘 되어 있고 강사진이 우수하기 때문에 좋아요."
좋은 학교가 뭘까? 아니 나쁜 학교가 뭘까?
사실 좋은 학교와 나쁜 학교는 자신이 하기에 따라 달라지는 것이다.
실제로 소위 좋은 학교들은 학교 자체적으로 면학 분위기 조성에 힘쓴다. 하지만 저렴한 학교는 면학분위기 조성보다는 학생유치에 주로 신경을 쓰고 학생의 케어를 그렇게 중요하게 생각하지 않는다.
즉, 10명 중 8명, 9명이 좋다고 이야기하는 학교가 정말 좋은 학교다. 반대로 10명 중에서 5명 정도가 좋다고 하는 학교는 저렴한 학교라 할 수 있다.
나는 학생들에게 이야기한다. 자신이 하기에 따라서 학교를 좋다고 말할 수 있는 10명 중 5명에 드는 학생이 되라고. 어떤 학생은 항상 학교의 단점만을 파고들며 좋지 않은 점만 바라보려는 학생들이 있다. 하지만 그것은 잘못된 것이다. 그 학생은 하버드대학을 가도 단점을 따질 학생이다.
내가 유학컨설턴트를 할 때 돈이 없어서 저렴한 학교를 갈 수밖에 없었던 학생들에게 이런 말을 들었다.
"저렴하지만 좋은데요. 시설이 떨어지는 것은 사실이지만 저는 공부를 하러 온 거잖아요. 시설 때문에 온 것은 아니잖아요. 주변에 몇몇 학교친구들이 자꾸 학교 나쁘다 그러는데 저는 모르겠어요. 그냥 이 학교의 장점을 찾아서 잘하고 있어요. 다른 학교보다 학교가 작다 보니 더 가족적으로 챙겨주는 것이 있거든요. 그래서 저는 이 학교가 맘에 들어요."
어떤 생각이 드는가? 사실 자신이 하기에 따라 좋은 학교 나쁜 학교가 나뉘는 측면이 있는 거다. 학교가 안 좋아서 공부를 못했다는 면죄부를 주지 마라. 학교의 장점을 찾아서 내 것으로 만들어라. 그것이 호주워홀 성공의 열쇠다.

62
호주 8대 대학이 뭔가요?

한국 같은 경우는 사립대학교가 많아서 자체적으로 허가를 받아 설립하는 곳이 많지만 호주는 본드대학을 제외하고는 호주의 대학 모두가 주정부의 재정지원을 받는 국공립 대학들이다. 현재 호주에는 40개 이상의 대학이 있다. 호주의 40여 개 대학 중 순수 연구 분야에서 특히 명성을 떨치고 있는 8대 명문대학들은 매년 타임지에서 선정하는 세계 100대 대학 내에 들고 있다.
8대 대학은 다음과 같다.

- Australian National University
- University of Melbourne
- Adelaide University
- Monash University
- University of Sydney
- University of New South Wales
- University of Queensland
- University of Western Australia

이들 8개 대학은

❶ 국내 대학에 지급되는 연구 지원비 총액의 70%를 차지한다.
❷ 호주 내 대학 연구 인력의 80%를 차지한다.
❸ 연구논문 및 성과물의 60%를 차지한다.
❹ 가장 권위 있는 대학 출판물의 80%를 차지한다.

호주워킹홀리데이에 관한 독설
8대 대학은 경험해봐야 하지 않을까?

경험을 위해서 호주를 갔다 오는 사람들이 많이 있다. 나는 그들에게 세계가 인정하는 8대 대학을 한번 가보라는 이야기를 한다. 사실 우리나라와는 대학시스템 자체가 다른 학교들이다. 우리는 저녁이 되면 환락의 거리로 바뀌지만 호주는 학문을 하는 곳이구나 하는 감탄이 절로 나온다. 실제로 호주워홀을 갔다가 호주의 대학시스템을 보고 내가 헛것을 배웠구나 생각하고 편입을 준비하는 사람이 많을 정도로 신선한 충격을 받게 될 것이다.

경험은 분명히 좋은 것이다. 하지만 젊을 때 고생은 사서라도 한다는 측면에서 보면 진짜 고생이 아닌 지금, 내 자신이 얼마나 나태하게 생활했는가를 성찰하게 하는 호주대학 탐방, 한번쯤은 해야 하지 않을까? 호주워홀을 공부를 위해 가는 사람들은 호주대학을 꼭 가라. 그리고 그 안에서 치열하게 공부하는 그들의 자세를 보고 자신을 반성하기 바란다.

63
관광비자로 공부와 일이 가능한가요?

관광비자로 공부가 가능한 시간은 법적으로 12주다. 그리고 일은 할 수 없다. 일할 수 있다고 사람들이 이야기하는 것은 모두 편법이다. 즉, 캐시잡이다. 세금을 내지 않고 한인 밑에서 일하는 것만이 가능하다는 말이다. 비자의 종류가 다른 것은 말 그대로 가는 사람에 따라서 비자가 달라지기 때문이다. 관광비자는 12주까지 어학연수가 가능하고 여행과 문화체험을 하는 비자다.

호주워킹홀리데이에 관한 독설
관광비자로 가서도 일을 하는 사람들

"호주에 다시 가고 싶어요. 그런데 워홀 1년은 썼고, 관광비자로 최장 얼마 동안 있을 수 있나요? 제가 아는 사람이 그곳에 있어서 일하는 것은 걱정 안 해도 되거든요."
실제로 호주워홀을 끝마치고 나서 관광비자로 가는 경우가 많다. 왜일까? 갑자기 한국이 싫어져서다. 빡빡하게 좁은 땅덩어리에서 서로 이기지 않으면 살지 못하는 경쟁사회에 진절머리가 나기 때문에 다시 호주에 가고 싶은 것이다. 하지만 정말 중요한 것은 그렇게 무의미하게 관광비자로 가면 한국사회에는 더더욱 적응하기 어렵다는 것이다.
어차피 관광비자로 가서 일을 한다는 것은 캐시잡이다. 결국 한국인 밑에서 일을 한다는 이야기며 영어는 전혀 쓰지 않는, 하루 벌어 하루 쓰는 그런 개념의 일을 한다는 것이다. 물론 그 생활이 나쁘지는 않을 수도 있다. 하지만 관광비자가 끝나갈 때쯤 시간을 낭비했다는 사회의 질타를 벗어나기 힘들 것이다.

관광비자로 가서 일을 한다는 것은 캐시잡이다.

Q&A 64-71
AUSTRALIA WORKING HOLIDAY

호주 주요지역의 특성

서울 사람이 우리나라 휴양지 어디를 가도 그곳에 살고 싶다는 이야기를 한다.
해운대만 해도 너무 아름답지 않는가?
하지만 해운대에 사는 사람이 그 아름다움을 항상 간직하면서 사는가?
아니다. 그 환경에 동화되어서 그런 감흥을 느끼지 못한다.

64
시드니는 어떤 곳인가요?

호주 제1의 도시인 시드니가 속해 있는 뉴사우스웨일즈는 호주에서 가장 오래된 주로 1788년 수립되었다. 해안을 낀 좁은 평원은 동쪽 해안 끝까지 이어지며 서쪽으로는 대분수령산맥(Great Dividing Range)과 만난다. 해안선을 따라 이어진 산악지대는 점차 완만하게 낮아지면서 뉴사우스웨일즈의 대부분을 차지하는 평원을 형성한다.

호주의 주들 중 가장 많은 인구가 밀집한 곳으로 주민 대부분이 해안가에 살고 있다. 이곳에는 밀림과 산악지대, 사막지대가 있으며 노스코스트(North Coast)에는 금빛 백사장과 항구들이 자리 잡고 있다. 호주에서 가장 긴 강인 머레이 달링(Murray–Darling River) 역시 이곳 뉴사우스웨일즈에 있으며 목축 산업이 발달한 농업지대이기도 하다.

뉴사우스웨일즈의 자랑거리
❶ 시드니에 있는 오페라 하우스
❷ 하버 브릿지
❸ 시드니에서 서쪽으로 한 시간 거리에 있는 블루마운틴 국립공원

• 호주의 상징 오페라하우스 •

호주워킹홀리데이에 관한 독설
시드니가 수도인 줄 아는 사람들

호주 제1의 도시는 물론 시드니다. 하지만 수도는 캔버라다. 실제로 이것을 모른 채 제1의 도시니까 당연히 가봐야 되겠다며 첫 정착도시를 시드니로 정하는 경우가 많다. 심지어 사람은 큰물에서 놀아야 한다며 시드니를 택하는 사람들도 있다. 일자리가 많다고 해서 시드니로 가는 경우도 많다.

시드니에 가본 사람들마다 하는 이야기가 있다. 시끄럽다. 오페라하우스도 멀리서 봤을 때는 멋있고 좋았지만 막상 가까이 가보니 페인트칠이 벗겨져 있고 실망했다는 사람들이 대부분이다.

단순히 가장 큰 도시라거나 일자리가 많을 거라는 기대로 시드니로 가는 일은 없었으면 한다. 큰 도시일수록 경쟁은 더 심하다. 사람이 많을수록 일자리는 많을 수 있겠지만 그만큼 경쟁하는 사람들도 많다는 이야기다.

본인의 성향에 맞는 도시 선정이 중요하다.

호주에서 살아남기 TIP

숙소는 목적지에 도착하기 전 관광안내소에서 미리 예약을 의뢰하면 전화요금이 절약된다.

65
멜버른의 전반적인 특징을 알려주세요.

멜버른이 속한 빅토리아 주는 호주에서 가장 작은 주이다. 1834년에 세워졌지만, 발라렛과 밴디고에서 금이 발견된 1851년 이후에 뉴사우스웨일즈로부터 분리되었다. 빅토리아 주의 고산지대에서는 최고의 등반을 즐길 수 있다. 주수도인 멜버른은 고풍스러운 건물과 현대적 감각의 건축물들이 함께 어우러져 있으며, 아름다운 식물원과 멋진 식당들이 많고, 예술가들이 활발하게 활동하는 도시이다. 또한 다양한 스포츠행사가 열리며 호주의 가장 유명한 경마 레이스인 '멜버른 컵'을 개최한다.

빅토리아의 자랑거리

❶ 빅토리아 중앙부의 황금들판
❷ '멜버른 컵'을 비롯한 각종 스포츠 행사
❸ 멜버른 서쪽의 환상적인 해안절경을 자랑하는 그레이트 오션로드

호주에서 살아남기 TIP

보통 호주에서는 단체로 움직이면 싸다. 액티비티 같은 경우 클래스 메이트, 룸 메이트 등과 같이 그룹을 지어서 가면 돈을 절약할 수 있다.

• 그레이트 오션로드 •

호주워킹홀리데이에 관한 독설

관광할 때의 호주, 공부할 때의 호주, 일할 때의 호주

두 번째로 호주를 가게 된다면 사람들은 과연 어디를 갈까?
필자가 상담한 사람들 대부분이 멜버른을 뽑았다. 멜버른은 호주에서 가장 아름답고 고풍스러운 느낌을 주는 도시다. 마치 동화 속에서 사는 것 같은 느낌을 받는다. 그러나 대부분의 사람들이 첫 도시로 멜버른을 가지는 않는다. 생활비가 꽤 비싼 편이고 호주의 런던이라고 할 정도로 날씨가 좋지 않기 때문이다. 그런데 이상하게도 두 번째로 호주를 가는 경우엔 멜버른을 첫 번째 도시로 택한다. 호주워홀의 일정을 마무리 짓고 나서 여행을 갔을 때 멜버른의 매력에 빠져버린 것이다. 그래서 멜버른을 간다. 그런데 나는 걱정이다.
사실 서울에 살고 있는 사람이면 우리나라 휴양지 어디를 가도 그곳에 살고 싶다는 이야기를 한다. 실제로 부산 해운대만 해도 너무 아름답지 않은가? 하지만 해운대에 사는 사람이 그 아름다움을 항상 간직하면서 사는가? 아니다. 그 환경에 동화되어서 그런 감흥을 느끼지 못한다.
멜버른이란 도시의 매력에 빠졌다가 나중에는 변덕스러운 날씨 때문에 향수병을 앓는 사람이 굉장히 많다. 도시의 아름다움보다는 멜버른 내에서의 디테일한 생활이 자신에게 맞아야 하는 것이다.
하지만 그런 디테일보다는 눈에 보이는 광경에만 깊은 인상을 받는다. 마치 호주워홀을 갈 때 호주만 가면 다 일자리가 보장되고, 영어는 자연스럽게 늘 것이라는 달콤한 환상에 빠지는 것처럼, 사람들은 디테일한 모습이 아닌 외관만을 보는 습성이 있다. 혹시 지금 멜버른에 가는 이유가 그 생활상을 보기 위해서가 아니라 아름다운 도시 풍경 때문에 가는 것이라면 만류하고 싶다.

66
브리즈번은 어떤 곳인지 궁금해요.

브리즈번이 속해 있는 퀸즐랜드는 전체 호주면적의 약 5분의 1을 차지하는 광활한 지역이다. 동쪽 해안선을 따라 발달한 비옥한 평야와 계곡은 내륙으로 200km까지 이어진다. 대분수령산맥(Great Dividing Range)은 낮은 평원지대와 경계를 이루며 케이프 요크 서쪽에서 시작하여 뉴사우스웨일즈의 경계에까지 이어진다. 이곳의 농업 특산물로는 열대과일, 소고기 및 양모 등이 있다.

1825년 죄수들의 정착으로 개척된 브리즈번은 맑은 날씨와 열대성 기후의 특징을 보이며 현재 호주에서 가장 빠른 성장을 보이고 있는 곳이다. 브리즈번의 북쪽으로는 백사장 및 해안 호들을 볼 수 있는 '선샤인 코스트'가 있고, 남쪽으로는 황금빛 해변으로 세계에서도 손꼽히는 관광도시 '골드 코스트'가 자리 잡고 있다.

퀸즐랜드의 자랑거리

① 파 노스 퀸즐랜드(Far North Queensland)의 열대 우림지역
② 프레이저 아일랜드 : 브리즈번에서 북쪽으로 3시간 거리에 있는 세계에서 가장 큰 모래섬
③ 전 세계 관광객들에게 최고의 휴양지로 알려진 골드코스트

• 최고의 휴양지로 손꼽히는 '골드코스트' 해변 •

호주워킹홀리데이에 관한 독설
리틀 코리아, 브리즈번

시드니에 한국 사람이 많다는 이야기는 아마도 지겹게 들었을 것이다. 그 다음에 많은 곳이 멜버른, 브리즈번이라고들 한다. 사실 한국인이 많은 것으로 따지면 멜버른보다 브리즈번이 더 많게 느껴진다. 브리즈번 도시 자체가 호주의 3대 도시이기는 하지만 시티 자체가 명동보다 작기 때문에 조금만 한국인이 몰려도 많게 느껴지는 것이다.

또한 브리즈번이라는 도시의 날씨가 호주 전 지역을 통틀어 가장 좋기 때문에 사람들이 많이 간다. 그런데 역시 막연한 생각으로 브리즈번을 가는 경우가 많다. 특히나 브리즈번으로 가는 이유 중 가장 많은 것이 친구들이 먼저 가 있기 때문이라는 것이다. 필자가 브리즈번으로 간 이유 역시 마찬가지였다. 친구 따라 강남 간다는 식으로 호주를 간 경우다.

혹시 당신도 그런가?

67
애들레이드의 전반적인 특징을 알려주세요.

애들레이드가 속한 남호주는 호주 내에서도 가장 건조한 곳이다. 전체 면적의 60%가 사막이고, 연간 강수량이 250mm 미만인 곳이 80%에 달한다. 그러나 건조하고 더운 여름과 비가 많이 내리는 시원한 겨울날씨를 즐길 수 있는 곳이기도 하다. 이곳에서는 비옥한 토지와 포도 재배에 이상적인 기후로 인해 양질의 와인이 생산되고 있다.

애들레이드는 호주에서 빅토리아풍의 건축물들이 가장 잘 보존되어 있는 곳이다. 사우스오스트레일리아의 주민 70%가 거주하고 있으며 울창한 숲으로 둘러싸인 친환경적 도시라고 할 수 있다.

남호주의 자랑거리

❶ 바로사 밸리 : 애들레이드 북동쪽에 위치한 대규모 와인 생산지
❷ 쿠퍼 페디 : 지하에 있는 오팔 광산촌
❸ 2년에 한 번씩 열리는 애들레이드 아트 페스티발

• 애들레이드에 위치한 토렌스 강 •

호주워킹홀리데이에 관한 독설
고시원에 들어간다고 다 공부하나?

호주 애들레이드에서는 한국인들과 어울려도 된다고 이야기한다. 워낙 조용해서 공부밖에는 할 것이 없다는 게 이유다. 너무 할 것이 없어서 향수병에 걸릴까 걱정할 정도로 조용한 곳, 그래서 진짜로 공부하기를 원하는 사람들이 많이 가는 곳이기도 하다.
그런데 참으로 안타까운 것이 있다. 고시원에 들어간다고 다 공부를 잘하는 것이 아니지 않는가? 무엇을 하든지 스스로 공부하겠다는 의지와 함께 집중의 힘을 발휘해야 공부를 해도 하는 것이다.
애들레이드라는 도시의 분위기만으로 영어공부가 되는 것은 아니다. 그런 식이라면 애들레이드를 떠나면 공부가 안 되지 않겠는가?
애들레이드를 선택한 이유가 단지 조용해서 자연스레 공부만 할 수 있다는 것이라면 가지 마라. 애들레이드의 장단점을 파악하고 자신과 맞는 곳인지 판단한 뒤에 가는 것이 좋을 것이다.

68
퍼스에 대해 전반적으로 알려주세요.

웨스턴오스트레일리아는 호주연방에 속한 주 가운데 가장 크며 주수도는 퍼스다. 퍼스는 스완 강가에 위치하고 있으며 친근함과 편안한 느낌을 주는 동시에 각종 현대적인 편의시설을 갖추고 있다. 시내에서 불과 몇 분 거리에 하얀 백사장을 즐길 수 있는 곳이기도 하다.

비옥한 농경지가 펼쳐져 있는 이곳은 세계적으로도 가장 생산성이 높은 곡창지대 중의 하나다. 농업뿐만 아니라 프레멘틀 항에서 수출되는 철강, 니켈, 밀, 양모 같은 것들도 주의 재정을 든든하게 해주는 품목들이다. 서호주의 북쪽에는 협곡, 국립공원, 브룸비치, 멍키 미아에서 만날 수 있는 돌고래 등 멋진 관광명소가 많다.

웨스턴오스트레일리아의 자랑거리

❶ 캘굴리 : 서부 사막에 위치한 금광마을.
❷ 닝갈루 해상공원 : 퍼스에서 북쪽으로 1,200km에 위치
❸ 프레멘틀항 : 퍼스에서 남서쪽으로 20분 거리에 위치

• Swan River 옆에 위치한 Swan Bell 타워 •

호주워킹홀리데이에 관한 독설
외지이기에 도전하기를 꺼리는 사람들

퍼스. 세계에서 가장 살기 좋은 도시로 뽑히기도 한 도시다. 실제로 브리즈번하고 비슷한 날씨에 한국인이 적은 곳으로서 근래에 인기를 얻고 있는 곳이다. 하지만 도시가 매력적임에도 불구하고 퍼스에는 한국인이 많이 가는 추세는 아니다. 그 이유는 외진 곳이기 때문이다.

지도상으로 보면 퍼스는 홀로 떨어져 있다. 마치 다른 나라로 온 듯한 느낌이 든다. 실제로 호주워홀을 가는 사람들은 일자리를 찾아서 다른 도시로의 이동을 많이 해야 하지만, 퍼스에서 시작하는 사람은 비행기표도 뉴질랜드로 가는 비행기 값과 비슷할 정도로 비싸기 때문에 웬만하면 퍼스에서 일자리를 구해야 된다.

그렇기 때문에 퍼스를 첫 도시로 선택하는 사람들이 드물다. 하지만 퍼스는 부자동네다. 정확히 이야기해서 잘사는 사람들이 많이 몰려 있는 부촌을 형성하고 있는 곳이다. 그러다 보니 아르바이트를 할 경우 시간당 페이가 다른 지역보다 높은 편이다. 하지만 여기서 중요한 것은 영어가 되어야 살 수 있다는 것이다. 퍼스에서 영어가 안 되는 사람이 일자리를 구하는 것은 다른 지역보다 더 어렵다고 할 수 있다. 게다가 다른 도시로의 이동도 부담스럽다.

만약에 영어가 어느 정도 된다면 퍼스에서 시작하는 것도 좋은 생각이다. 퍼스에서 시작해서 어느 정도 돈을 벌고 동쪽으로 이동하는 것. 그것이 호주 전역을 정복하는 길이 아니겠는가?

혹시 퍼스가 고립되어서 가기 꺼려지는가? 그렇다면 도전의식이 부족한 것이다.

69
호주수도 캔버라는 어떤가요?

캔버라는 호주의 수도이자 호주에서 가장 큰 내륙도시. 뉴사우스웨일즈 서쪽 고원지대의 광활한 계곡에 자리 잡고 있으며 계획도시로 잘 정비된 호반의 도시다. 이곳엔 공원녹지가 많고 근사한 식당들이 즐비하며 숲이 아름답기로 유명하다. 캔버라는 시드니에서 서남쪽 방향에 위치해 있으며 자동차로 3시간, 비행기로 45분이면 도착할 만큼 가깝다. 또한 국가적인 명소들과 각국 대사관 및 관공서들이 자리 잡고 있다.

캔버라의 자랑거리

❶ 국회 의사당
❷ 호주전쟁기념관
❸ 호주국립갤러리
❹ 호주국립미술관

• 호주의 수도인 캔버라에 위치한 전쟁기념관 •

호주워킹홀리데이에 관한 독설
한 나라의 수도는 보고 오자

수도가 상징하는 것은 무엇인가? 그 나라를 대표하는 도시다. 아무리 캔버라가 시드니나 멜버른보다 작은 소도시라 해도 캔버라는 호주를 대표하는 상징적인 도시다. 한 나라를 여행한다면 그 나라의 수도는 가봐야 하지 않을까? 한국에 왔는데 서울을 안 보고 갔다면 한국을 방문했다고 할 수 있을까?

그처럼 캔버라는 꼭 가보도록 해라. 시드니에서 한 시간 정도 비행기를 타면 갈 수 있다. 호주의 역사적 유산들을 많이 발견하게 될 것이다.

70
타즈매니아에 대해 전반적으로 알려주세요.

타즈매니아는 마지막 빙하기 말에 호주 본토로부터 분리되어 나온 섬으로 독특한 야생동식물과 광활하고 훼손되지 않은 야생 자연의 아름다움을 지닌 곳으로 유명하다. 크레이터 레이크를 비롯한 국립공원들은 전 세계적으로도 찾아보기 어려운 원시 그대로의 야생을 자랑하고 있다. 호바트 시는 1803년 시드니에 있던 대영제국 총독부가 바다표범과 고래 포획 산업을 보호하기 위해 병사와 죄수들을 정착시킴으로써 생긴 도시다.

타즈매니아는 대규모의 농업, 산림, 수력발전시설, 광산 및 어업이 발달하였다.

타즈매니아의 자랑거리
❶ 한때 교도소 시설이었던 포트 아서 유적지
❷ 매년 1월 26일 개최되는 시드니 – 호바트 간 요트경기
❸ 부시 워킹 : 오로지 도보로만 갈 수 있는 야생지대

• 크레들 마운트 •

호주워홀을 하면서 반드시 도전을 해야 되는 시점이 있다.
그 도전을 회피하지 말고 용기를 가지고 헤쳐나갈 때,
호주워홀이 의미 있는 추억의 시간으로 자리매김할 것이다.

호주워킹홀리데이에 관한 독설
국내선 타기를 겁내는 사람들

한국인이 별로 없는 곳을 물어보면 항상 언급이 되는 곳, 타즈매니아. 하지만 타즈매니아로 가라고 하면 다들 농담 하느냐는 식으로 웃는다. 타즈매니아는 다른 도시와 다르게 국내선을 타야 된다. 그러다 보니 처음부터 자신이 직접 해야 할 일이 많다. 시드니나 멜버른에서 짐을 찾은 뒤 다시 국내선 항공을 타고 타즈매니아로 가야 된다.

고립되었다고 이야기하는 퍼스보다도 심리적 압박감이 더한 곳이 타즈매니아다. 그러다 보니 학생들이 잘 도전하지 않는다. 가뜩이나 혼자 가면서 누군가 자신을 도와줄 사람이 있었으면 하는 상태인지라 타즈매니아로 가라고 하면 다들 겁낸다. 하지만 그 정도의 심리적 압박감은 호주워홀을 경험하다 보면 아무것도 아니다.

71
다윈에 대해서 전반적으로 알려주세요.

다윈이 속해 있는 노던테리토리는 '레드센터'라는 사막이 있는 곳으로 유명하다. 이곳은 바위산 산맥들과 사막으로부터 치솟은 거대한 바위들이 장관을 이루며, '울루라'는 그중에서도 단연 백미로 꼽힌다.

노던테리토리의 수도인 다윈(Darwin)은 1869년 항구와 목축 산업의 거점으로 건설되었다. 풍부한 지하자원과 관광산업의 발달로 중요성이 점차 커지고 있으며 최근 들어서는 아시아와 통하는 길목으로 새롭게 부각되고 있다.

노던테리토리의 자랑거리

❶ 카카두 국립공원 : 다윈의 동쪽에 위치
❷ 앨리스 스프링스 : 노던테리토리의 중심부에 위치한 마을
❸ 닛밀룩(캐서린 조지)국립공원 : 다윈의 남동쪽에 위치

• 앨리스 스프링스에 위치한 울룰루 국립공원 •

호주워킹홀리데이에 관한 독설
한국인 없는 곳으로만 가겠다는 사람들

"한국사람이 가장 없는 곳이 어디죠?"
"저 진짜로 한국인 없는 곳으로 보내주세요. 한국인 많으면 한국어를 쓸 것 같아요. 제가 워낙 사람들하고 어울리는 것을 좋아해서 한국인이 많으면 영어공부를 못하거든요."
사람들은 호주워홀을 준비하면서 한국사람 없는 곳을 찾는다. 그럴 때 내가 이야기해주는 곳이 두 군데 있다. 타즈매니아 혹은 다윈.
타즈매니아는 그나마 근래 들어 한국인들이 많이 가는 추세이지만 다윈은 아무리 권유를 해도 가기 싫어한다. 그곳에는 어학을 공부할 만한 사설학교도 거의 없을 뿐만 아니라, 학교소개를 봐도 학생들이 공부하는 광경보다는 코끼리, 악어 같은 동물들의 모습과 함께 애버리진이 퉁소를 부르는 장면을 삽입할 정도로 학교에서 동양인의 비율이 낮다는 것을 강점으로 홍보하고 있다.
열대지방이기 때문에 날씨는 아프리카를 생각하면 된다. 사계절이 다 여름인 곳이 다윈인 것이다. 이 이야기를 하면 다들 다윈에 가기를 포기한다.
그런데 정말 궁금한 것이 있다. 왜 한국인이 없는 곳으로 가려고 하는가? 호주에서의 성공 여부는 한국인 유무로 결정되는 것이 아니라 자신이 얼마나 자신에게 냉정할 수 있느냐에 달려 있다.
1년 동안 한국인 없는 곳에서 영어만 쓰면서 살았다 치자. 마냥 다윈에서 살 것인가? 계약된 1년이 끝나면 한국으로 돌아와야 하지 않는가?
영어정복은 한국인의 유무와는 상관이 없다. 호주워홀을 다녀온 거의 모든 사람들이 공통적으로 하는 말이 있다.
"다 자기 하기 나름이다."

입국 후 / 기타

사회는 철저하게 워홀 기간에 대해서 책임지라고 요구할 것이다.
그동안 도피를 위해 갔다 오신 겁니까?
다른 사람은 한국에서 자격증 하나라도 따고 경력이라도 만들려고 분주했을 때
당신은 여유를 즐기다 온 거군요.

72
지금 필리핀에서 워홀을 준비중입니다.
필리핀에서 바로 호주워홀 갈 수 있나요?

한국이 아닌 필리핀에 거주하고 있다면, 워홀 신청 시 현재 주소지를 필리핀 주소를 적으면 되고, 지난 5년간 3개월 이상 거주한 적이 있냐는 질문에 YES로 체크하고 세부사항을 적으면 된다. 필리핀에 도착한 날부터 현재까지의 날짜를 적어주면 된다.

또한 만약 현재 거주지를 필리핀으로 적었다면 질문란에 "현재 한국에 있고, 한국에서 비자신청을 하고 있다"라는 질문 대신 필리핀에 있고, 필리핀에서 비자신청을 하고 있다는 단어가 들어가 있을 거다.

 다른 나라에서도 워홀을 신청할 수 있다.
그런데 겁내는 이유는 뭘까?

호주워킹홀리데이에 관한 독설
한국에서만 신청 가능한 것이 아니지만…

"호주워홀은 한국에서 꼭 신청해야 되나요? 지금 저 필리핀에 있거든요."
많은 학생들이 타국에서 신청하는 방법에 대해서 물어본다. 결론을 말하자면 신청 가능하다. 하지만 대부분은 한국에 와서 하라고 충고한다. 그 이유는 대부분의 학생들이 비자 신청을 어려워하기도 하고, 조금이라도 실수를 하게 되면 외국에서 처리되는 것이라 늦어지는 것을 감수할 수밖에 없기 때문이다.
인터넷 사이트나 카페를 통해서 한국에서 신청하는 방법은 나와 있지만 외국에서 신청하는 방법은 없다. 그렇기 때문에 두려워한다. 사실은 영어로 되어 있기 때문에 혹시나 틀리지 않을까 겁이 나는 것이다.
혹시나 다른 나라에서 워홀을 가고 싶은데 한국에 와서 해야 된다고 알고 있지는 않는가? 그렇게 알고 있다면 당신은 아직 호주워홀에 대해 모르는 것이다.

73
필리핀 연계연수는 어떻게 가야 될까요?

"필리핀 연계연수를 생각하고 있습니다. 필리핀은 도움이 안 된다는 사람도 있고, 호주보다 필리핀이 낫다는 사람도 있습니다. 어떻게 가는 것이 좋은지 알려주세요."

최근 호주워홀 대안으로 나오게 된 것이 필리핀 연계연수다. 필리핀 어학연수의 특징은 1:1 수업을 통해서 영어에 자신감이 없는 사람에게 말할 수 있는 기회를 줌으로써 영어를 쉽고 빠르게 익히게 하는 데 목적이 있다. 또한 필리핀 어학연수는 스파르타 학습을 통해서 의지 없는 사람들에게 억지로라도 학습프로그램을 유지시킴으로써 공부를 안 할래야 안 할 수 없는 구조를 만들어놓았다.

엄격한 기숙사생활을 통해서 필리핀어학연수의 가장 큰 단점인 유흥문화에 젖어드는 근본원인을 차단한 어학원들이 많이 생겨나고 있다. 또한 비용 면에서 호주와 비교했을 때 약 3분의 2 정도의 금액으로 숙식과 학업을 할 수 있다는 점에서 저렴한 돈으로 호주워홀을 가는 사람들에게 대안으로 떠오르고 있다. 하지만 보통 필리핀 연계연수 같은 경우는 왕초보인 사람들이 가는 것이 좋다고들 한다. 1:1 수업을 많이 한다해도 할 수 있는 말은 한계가 있고,

최근 많이 변했다 하더라도 고급영어를 쓰는 지역은 아니기 때문에 어느 정도 배움의 한계선에 도달한다.

또한 필리핀에서 잘못 익힌 것은 호주나 캐나다 같은 곳에서 다시 교정하는 데 더 많은 시간이 들기 때문에 필리핀 연계연수는 12주 혹은 16주를 추천한다. 그 다음에 호주의 그룹수업에서 1:1 수업으로 영어습득에 박차를 가할 수 있다. 실제로 호주에서는 그룹수업 중에 참여도가 높은 사람들 가운데 필리핀 연계연수를 갔다 온 사람들이 많다.

호주워킹홀리데이에 관한 독설
성인이 되어도 스파르타 교육을 원하는 실태

"저는 스파르타로 공부하는 곳으로 가야 돼요.
누군가가 압박을 하질 않으면 공부를 하지 않거든요."
"그래요? 그런데 이런 이야기를 해드리고 싶네요. 평생 타성에 젖어서 사실 생각인가요? 타성에 젖어서 공부하라고 그럴 때에만 하실 건가요?"
사람들은 다들 아무 말을 못한다. 이상하게 우리나라 사람만이 스파르타식 교육법을 좋아한다. 왜 그럴까? 그것은 아마도 계속해서 공부하라고 압박하던 유년기 시절부터 만들어진 것이 아닐까 싶다. 성인이 되고 나면 작심삼일이 되어버리고 그 다음 날이 되면 다음에 하지 하면서 계획이 송두리째 무너졌던 경험, 아마 모두 한 번쯤은 경험했을 것이다.
외국학생들은 어느 정도 자발적으로 할 시점이 되기 전까지는 공부를 하지 않고 놀기에 바쁘다. 하지만 우리는 아직 자아가 형성이 되지 않는 상태에서 무조건 주입식 수업을 받다 보니 타성에 젖어 살게 된다. 그러다 보니 성인이 되어서도 스파르타 교육이 진정한 교육법이라고 이야기한다.
어떤 외국인들이 스파르타 교육을 좋아할까? 아니, 유일하게 스파르타 교육을 홍보하고 학생을 모집하는 나라는 대한민국 하나뿐이지 않을까?
필리핀에서 스파르타교육을 원하고 그 교육에 길든 사람은 호주교육이 공부를 안 가르친다며 호주에서 돈을 벌어 필리핀으로 다시 와서 영어공부를 한다.
평생 누군가가 시켜서 공부를 할 것인가? 호주워홀은 철저히 자신과의 싸움이다. 누군가의 압박으로 조정되는 생활을 한다면 당신은 이미 실패의 수순을 밟고 있는 것이다.

74
1년간의 워킹홀리데이의 성공과 실패를 뭐라고 생각하나요?

1년의 호주워킹홀리데이. 많은 사람들이 이런저런 자신만의 이유로 워홀을 간다. 하지만 공통점은 모두가 그 1년이라는 기간 동안 자신의 삶을 업그레이드하기 위해서 간다는 것이다. 호주워홀 1년은 인생을 좌우할 정도로 정말 소중한 시간이 될 수도 있고, 반대로 그 기간이 평생 자신의 인생을 옥죄는 1년이 될 수도 있다.

많은 사람들이 워홀을 가는 이유가 첫 번째로 영어, 두 번째는 여행과 세상의 견문을 넓히는 것이라고 말한다. 그런데 누차 강조하듯이 여행과 견문은 사실 관광비자, 특히 길지 않은 유럽 배낭여행을 갔다 와도 얻을 수 있는 것이다. 문제는 내가 말하는 여행이나 견문조차도 영어가 전제되어 있는 상태에만 가능하다는 것이다.

사실 워킹홀리데이 비자는 영어에 최우선의 목적을 둔 비자는 분명 아니다. 하지만 우리나라 사회(경쟁사회)에서는 그 긴 시간 동안에 익힌 영어실력을 가지고 오라고 한다. 각자 개개인의 소중한 경험은 영어가 전제되어 있는 상태에서 빛날 수 있는 것이다. 하지만 많은 사람들은 개개인의 소중한 추억은 가지고 올지 몰라도 영어실력은 못 가지고 온 까닭에 한국사회에 적응을 못하게 된다.

호주워홀의 성공과 실패 여부를 현실적으로 말해보자면, 호주라는 나라가 워홀을 갔다 온 후 단지 시간이 없어서 못 가는 수없이 많은 나라 중의 하나가 되는가, 아니면 두 번 다시 항공권(돈)이 부담스러워서 못 가는 나라가 되느냐로 나눌 수 있을 것이다.

마냥 호주만 가면 다 될 것이라든가 열정만 있으면 될 거라는 마음가짐만으로 호주워홀을 간다면 크나큰 낭패를 보게 될 것이 분명하다.

열정 하나만으로 호주워홀을 가서는 절대로 안 된다. 지금의 자신의 모습을 되돌아보며 자신이 꼭 워홀을 가야 하는 이유부터 생각해보기 바란다. 그것이 선배 워홀러로서 꼭 해주고 싶은 충고다.

호주워킹홀리데이에 관한 독설
빌게이츠가 호주워홀을 간다면 무조건 가라고 말한다

"빌게이츠 사장님! 꼭 가셔야 되겠습니까?"
"아! 나 머리 좀 식히고 오겠네. 1년 정도면 충분할 것 같아."
그렇게 빌게이츠는 1년 호주워홀을 갔다 왔다. 그가 한 것이라고는 여행하다 돈이 떨어지면 간단한 일을 하고 돈이 생기면 다시 여행을 하면서 여가를 즐기는 것이었다. 그리고 돌아와서 책을 출간한다. '호주워홀 이렇게 즐기다 와라.'
어떻게 생각하는가? 이 이야기를 만든 이유는 이렇다. 빌게이츠는 호주워홀 1년을 갔다 와서도 사회의 시선을 신경 안 써도 되는 사람이다. 즉, 1년을 어떻게 생활하든 상관없이 사회에서 그를 받아줄 것이다. 오히려 사회에서는 그의 행적을 책으로 내려고 할 것이다. 그것이 사회다.
하지만 대부분 워홀을 가는 사람들은 사회에 정착이 안 되어 있는 상태에서 막연히 언제 또 가보겠느냐는 식으로 가는 사람들이다. 과연 그런 사람들을 우리 사회가 반겨줄까?
사회는 철저하게 워홀 기간에 대해서 책임지라고 요구할 것이다. 그 기간 동안 도피하기 위해 갔다 오신 겁니까? 다른 사람은 한국에서 자격증 하나라도 따고 경력이라도 만들려고 분주했을 때 당신은 여유를 즐기다 오신 거군요?
호주워홀! 이제 어떻게 느껴지는가? 여전히 호주만 가면 다 될 것 같은가? 이 모든 이야기를 듣고도 자신은 할 수 있을 것이라는 자신감이 든다면 호주워홀을 가라. 그런 마음으로 가면 호주워홀이 평생의 추억으로 남을 것이다. 하지만 망설여진다면 가지 마라. 평생 우리나라 사회에서 1년을 허비한 사람으로 기록될 것이니 말이다.

75
여행자 환급제도가 무엇인가요?

"이번 호주여행을 마치고 양모이불 등 여러 가지 기념품을 사가지고 왔습니다. 그런데 어디에선가 기념품 산 것에 대해서 세금이 환급된다는 이야기를 들은 것 같습니다. 어떻게 해야 되는지 알려주세요."

호주여행자 환급제도란 호주를 방문한 손님들이 물건을 구입하거나 서비스를 받고 나서 세금 'GST'를 반환해주는 제도다. 자세한 사항은 다음과 같다.

조건
- 한 상점에서 호주달러 300불 이상 구입(세금포함)
- 호주를 떠나기 30일 안에 물건을 구입
- 소매상에게 세금을 포함한 300불 이상의 세금청구서를 요구
- 구입한 상품을 지참하세요.

세금 환급을 요구하는 방법
- 비행기 출발 예정 30분 전에 신청
- 여권 / 보딩패스 / 구입한 상품 / 영수증(GST포함)
- 신용카드, 뱅크카드, 수표 등 지불 수단을 선택

세금 환급을 할 수 있는 상품

- 구입한 뒤 소지하고 있는 것들

  (옷, 보석 및 장신구류, 신발, 카메라, 소형 전기 제품, 기념품, 포도주)

세금 환급을 할 수 없는 것들

- 렌터카, 여행서비스
- 구입 후 소멸되는 것들(초콜릿, 맥주, 담배, 음료수 등)
- 세금이 부과되지 않은 제품

주의할 사항

- 호주에서 발행된 1000불 이상의 세금청구서에는 사는 사람의 이름, 주소와 같은 정보가 포함되어 있어야 한다.
- 어제 한 상점에서 150불을 지불하고 오늘 같은 상점에서 150불을 지불했다면, 주인에게 두 개를 한 개로 통합해달라고 요청해야 한다.

세금 환급 요청 장소

- TRS facility : 출국심사 후 면세 구역 내 'TRS' 마크가 있는 곳

 아는 게 힘이다. 아는 만큼 돈을 번다.
눈과 귀를 크게 열고 똑똑하게 살자.

호주워킹홀리데이에 관한 독설
여행자 환급제도 자체를 모르는 사람들

무지한 것이 죄라는 이야기. 호주에서도 정확한 법을 몰라 손해를 보는 경우가 많다. 그중에서 가장 많은 사람들이 모르는 것 중 하나가 호주여행자 환급제도다. 물론 환급받는 금액은 적은 것이 사실이다. 그리고 약간 귀찮은 면도 없지 않다. 게다가 마지막 귀국할 때쯤 받는 것이라 '얼마 안 되는 돈 귀찮게 뭘 받아' 하면서 포기하고 오는 사람들도 많다. 하지만 호주워홀 생활을 되돌아봤을 때 얼마나 돈에 시달렸는가? 그 소중한 돈. 그것은 권리다. 당연한 권리를 누릴 수 있는 사람이 되기를 바란다.

76
세금 환급은 어떻게 하나요?

호주의 모든 고용주는 급여에서 정한 TAX TABLE을 근거로 택스(근로세)를 제외한 나머지를 실급여로 고용인에게 지불한다. 총급여에서 택스를 제하고 실급여를 받은 고용인에 대해 고용주는 매년 6월 30일 이후에 일한 기간 동안의 총급여와 총세금이 적힌 PAYMENT SUMMARY를 발행해줘야 한다. 고용인은 고용주로부터 받은 위 서류와 함께 세금 신고를 할 수 있다.

세금환급에 관해 자주 하는 질문과 그에 대한 답은 다음과 같다.

❶ 세금 신고는 누구나 가능한가?

캐시잡 외에 세금을 내고 급여를 받았을 경우 누구나 세금 신고를 할 수 있다. 캐시잡은 자체가 세금을 내지 않는 일이기 때문에 세금 신고를 못한다.

❷ Early Leaving Lodgment는 무엇인가요?

우리나라와 같이 세금 신고는 정해진 날짜가 있다. 호주의 세금 신고는 원칙적으로 7월 1일에서 10월 말 사이에 하게 되어 있다. 하지만 Early Leaving Lodgment 제도가 있어서 7월 이전 출국자는 이 제도를 이용해서 세금을 신고할 수 있다.

❸ 세금 신고 후 얼마나 지나야 환급을 받을 수 있나요?

세금환급 신고기간(매년 7월 1일~10월 31일)에 세금환급 신고를 할 경우 5일에서 10일 이내에 환급이 완료되고, Early Leaving Lodgment 제도를 통하여 신청하는 경우는 세금환급을 신청하고 나서 약 한 달 정도의 시간이 소요된다.

❹ Resident/Non Resident는 무슨 의미인가요?

호주세법상 신청자 신분에 따라 Resident와 Non Resident로 나뉘는데 보통 호주의 한 지역에서 6개월 이상 머무르거나 그런 계획이 있는 사람은 Resident로 분류되며 세율 표를 통해서 환급이 결정된다.

❺ 세금환급 신청 시 준비서류는 어떤 것이 있나요?

Payment Summary 혹은 Final Payslip 중 하나만 소지하고 있으면 세금환급 신청이 가능하다. 급여명세서 일체와, 일과 관련하여 받은 모든 영수증은 반드시 보관한다. 일과 관련된 물품을 사는 경우도 환급이 되기 때문이다.

호주워킹홀리데이에 관한 독설
캐시잡 해놓고 택스리턴 어떻게 하느냐고 물어보는 학생들

"저는 택스리턴 안 되나요? 저도 호주에서 일했는데."
"동남아 사람들이 우리나라에서 세금환급되나요?"
"안 되죠."
"이유는 뭐죠?"
"그거야 정당한 일을 안 했고, 세금을 내지 않았으니 그런 거겠죠."
답이다. 자신은 그들과 다르다고 생각한다. 자신은 한국인이라는 자부심을 가진다. 하지만 호주에서는 한국인을 모른다. 단순히 영어 못하는 동양인에 불과하다. 영어를 잘하는 베트남인과 필리핀인 밑에서 일하는 경우가 대부분이다.
그러면서 택스리턴을 받겠다는 것은 우스운 일이다. 본인 스스로 호주에서 불법인 캐시잡을 하면서 혜택은 받겠다고 하는 꼴이다.
호주에 갔으면 호주노동법에 준하는 세금을 내고 나중에 정당하게 환급받는 사람이 되자. 불법으로 시작해서 불법으로 끝나는 호주워홀이 되지 않아야 될 것이다.

NEW & USED BOOK

77
호주은행 계좌를 안 닫고 왔습니다. 어떻게 해야 되나요?

우리나라 은행 같은 경우는 계좌유지비가 들지 않기 때문에 은행 계좌를 닫지 않아도 상관이 없다. 하지만 호주은행 같은 경우는 우리나라와는 다르게 계좌유지비가 한 달에 5불 정도 든다. 그런 것을 모른 채 워홀러의 상당수가 계좌를 닫지 않고 온다. 하지만 그것은 나중에 호주로 다시 갈 경우 문제가 될 소지가 있다.

물론 몇 달이 지나고 나면 자동적으로 클로징되는 것이 사실이다. 하지만 그것이 기록에 남는다. 호주에서는 그런 범죄(?)에도 민감하게 반응한다. 그들은 탈세를 백만장자가 하루아침에 거지가 될 수도 있는 중대 범죄라고 인식할 정도니 그런 행위는 엄연한 범법 행위로 인식한다.

그렇기 때문에 만약 호주은행 계좌를 클로징하지 않고 왔다면 해당 호주은행에 전화를 걸어 해지하는 방법을 문의해서 그쪽 은행에 팩스로 자신의 의사를 전달하는 것이 좋다. 어차피 호주를 다시 안 갈 것이라 생각할지 모르지만 세상일은 모르는 것이다. 한국에서 처리할 수 있다면 그렇게 하는 것이 좋다.

호주워킹홀리데이에 관한 독설
어차피 호주엔 다시 안 갈 건데, 뭐!

"ANZ계좌 안 닫고 오면 계속해서 계좌 유지비가 빠져나가고 결국은 마이너스 계좌가 된다는데 괜찮겠어?"
"야! 어차피 나 호주 두 번 다시 안 갈 거야. 그러니 상관없잖아."
"중고차 명의 바꿔야 되는 것 아니에요? 본인 명의로 되어 있는데 그러다가 사고라도 나면 큰일이잖아요?"
"야! 어차피 나 호주 두 번 다시 안 갈 거야. 그러니 상관없잖아."
앞서 이야기했듯 호주워홀을 갔던 사람 중 절반 정도는 호주에 대해서 좋은 감정을 갖지 않는다. 그리고 호주에 있는 동안 약간의 불법적인 일도 하게 된다. 그런데도 그들은 당당하다.
'어차피 호주라는 나라, 이제는 두 번 다시는 안 가면 되니까.'
'어차피 호주 안 갈 건데 뭐.'
그런 마음 때문에 우리나라에 대한 좋지 않은 이미지가 심어진다. 그런 사실을 알고 있는가? 우리나라 사람이 호주에서 하는 행동에 따라서 비자등급이 달라진다는 사실을. 일본은 1등급, 우리나라는 부분적으로 2등급이다. 그리고 중국은 3등급이다. 왜 우리나라가 일본하고 동급이 아닐까? 우리나라 사람이 많이 모인 곳에는 불법과 편법이 반드시 존재한다고 이야기한다. 왜 그럴까? 두 번 다시 만나지 않으면 된다는 생각에 자신이 저지른 불법적인 일 자체를 하나의 무용담으로 만들어버리는 현실 때문이다.
호주워홀을 가는 1년. 당신은 개인으로 가는 것이 아니다. 우리 국민을 대표하는 외교관으로 가는 것이다. 자신의 행동 하나하나가 우리나라를 대표하는 모습이라는 것을 명심해야 할 것이다.

78
호주 이동전화 서비스에 관해 알려주세요.

호주도 한국과 마찬가지로 많은 이동 통신회사들이 있으며, 특별 요금제로 고객유치를 위한 마케팅 전쟁을 하고 있다. 보통 유학생들은 선불제 방식인 프리페이드 요금제를 쓰며 핸드폰 개통은 한국에서 미리 하거나 호주에서 하는 경우가 있다. 필자가 추천하는 방법은 본인에게 맞는 요금제를 면밀히 살핀 후 호주에서 개통하는 것을 추천한다. 그전에 알아야 될 것이 호주의 통신사인데 우리나라의 SK텔레콤, KT, LG텔레콤과 같이 TELSTRA(텔스트라), OPTUS(옵터스), VODAFONE(보다폰) 세 개의 통신사가 있다. 이 중 통신사를 먼저 선택한 후 본인 상황에 맞는 요금제를 찾는다.

보통 한국에서 SK텔레콤을 통화의 품질이라고 말하듯 호주의 SK텔레콤은 TELSTRA(텔스트라)다. 텔스트라는 실제 가입자 수가 1,500만으로 호주 1위의 통신사이며 상대적으로 기지국이 없어 터지지 않는 옵터스나 보다폰과 달리 호주 시외 지역에서도 잘 터지는 장점이 있다. 하지만 통신비가 상대적으로 비싸다는 점도 공존한다. 하지만 대다수의 비즈니스를 하는 사람들은 비싸더라도 텔스트라를 선택하는 경우가 대부분이며 지방도시에 거주하는 사람일수록 텔스트라의 점유율은 높다.

반면에 상대적으로 한국 사람이 많이 사용하는 옵터스 같은 경우,

호주 내 가입자 2위이며 소도시에서는 잘 터지지 않고 농장 외곽 지역에서는 연락 두절되는 불상사가 생기기도 한다. 그 다음은 상대적으로 인지도가 낮은 보다폰이 있다.

요즘 많은 학생들이 한국에서 인터넷 검색만으로 무작정 통신사와 요금제를 선택한다. 호주추천요금제로 상위 검색되는 것을 제대로 알아보지 않고 선택하는 것이다. 간혹 그 요금제가 본인의 상황에 맞는 경우도 있겠지만 대다수는 그렇지 않다. 앞서 얘기했듯이 통신사와 요금제는 딱히 어떤 것이 좋다보다는 워킹홀리데이를 가서 거주 지역에 따라 통신사를 정하고 자신에게 맞는 요금제를 찾는 것이 옳은 방법이다.

현재 대표 호주통신사 홈페이지 내 특별요금제를 꾸준히 체크하는 것이 좋다.

http://www.optus.com.au/ (호주 옵터스)
https://www.telstra.com.au/ (호주 텔스트라)
http://www.vodafone.com.au/ (호주 보다폰)

인터넷은 무궁무진한 정보를 준다.
그러나 그만큼 잘못 알려진 정보도 많다.
다양하게 정보를 수집해보자.

호주워킹홀리데이에 관한 독설
호주 시골외곽 가면서 OPTUS 개통하는 사람들

호주는 선진국이다. 그러니 핸드폰이 안 터지는 일은 없을 것이다?
아주 잘못된 생각이다. 물론 도심지에만 있다면 핸드폰이 안 터지는 일은 거의 없다. 하지만 트레인을 타고 외곽 지역을 갈 때 종종 본인의 핸드폰 안테나를 확인해 봐라. 아마도 신호를 못 받고 있는 것을 알 수 있다. 실제로 Telstra를 제외한 통신사들은 호주 외곽지역을 가게 되면 연락두절이 될 정도로 전파가 약하다.
본인이 시내에서 거주할 예정이라면 비싼 Telstra를 쓸 이유가 없다. 하지만 외곽 오지지역을 가게 되면 Telsta를 가입하는 것이 낫다. 호주 내 대부분의 워홀러들이 아무 이유 없이 OPTUS를 가입한다. 인터넷 검색을 사용할 때 그 요금제가 좋다는 점 때문이다. 한국에서는 본인의 상황에 맞게 가입하면서 왜 호주에서는 무조건 OPTUS 요금제를 가입하는가? 호주도 한국처럼 많은 통신사들이 있다. 요모조모 잘 따져보고 자신에게 맞는 요금제를 가입하도록 하자.

79
TFN와 ABN넘버의 차이는 뭔가요?

요즘 호주 구인광고에서 자주 목격되는 항목이 있다. ABN넘버 소지자 우대. TFN는 알겠는데 도대체 ABN넘버는 무엇인가? ABN넘버는 개인 사업자 번호다. 본인이 직접 고용주가 되어서 일을 하는 것을 말하며 자신의 사업자명의번호라 말할 수 있다. 보통의 워홀러인 경우는 사용할 일이 많지 않다.

하지만 청소일 혹은 농장일의 컨츄렉터 일을 하는 경우는 ABN넘버가 필요하다. 본인이 일꾼을 모집해서 그것에 따른 수입금을 받는 구조이기 때문에 개인사업이라 분류할 수 있기 때문이다. 하지만 공장이나 농장에 소속되어 있는 경우는 ABN넘버가 필요 없다.

간혹 ABN넘버는 세금을 내는 경우가 없다고 말하지만 그것은 잘못 오해하는 경우이며 1년에 한 번 정산시기에 맞춰 세금을 부과한다.

본인이 새로운 아이템으로 호주에서 사업을 할 목적이라면 TFN와 함께 ABN넘버를 신청하도록 하자.

호주워킹홀리데이에 관한 독설
왜 고용주가 ABN넘버를 요구할까?

ABN넘버를 소지하면 시간당 페이를 더 쳐준다고? 신청하는 데도 인터넷으로 30분이면 된다는데 하지 뭐.

왜 고용주가 ABN넘버를 요구하는 걸까? 사람들은 그 이유를 생각하지 않고 인터넷으로 ABN넘버를 신청한 후 그들에게 쉽게 번호를 넘겨준다. 모든 경우는 아니겠지만 몇몇의 악덕사장 같은 경우는 워홀러의 ABN넘버를 악용해 탈세를 하는 데 이용한다. WOOLWORTH나 COLES에서 장을 보고 난 뒤 영수증을 봐라. 그리고 모든 상품을 구매한 뒤 영수증을 봐라. 그 곳에서는 판매자 ABN넘버가 표기되어 있다. 판매한 것에 대한 정당한 세금을 낸다는 표시다.

그런 ABN넘버를 왜 워홀러들에게 요구하는 걸까? 곰곰이 생각해보자. 시간당 몇 불 더 받자고 세금탈세. 불법에 이용당하는 사람이 되지는 말자. 단순히 번호 알려주는 데 돈을 더 주는 이유.

그 이유는 실정 모르는 워홀러들을 이용하려는 한국 내 교민의 악랄한 사업수단이라는 것을 깨닫기를 바란다.

80
일자리 찾는 데 도움 될 수 있는 사이트 알려주세요.

호주워홀러들이 일을 구하는 데 있어서 가장 많이 듣는 이야기가 있다. 호주인 밑에서 일을 해라. 안타까운 이야기지만 한국인 밑에서 일을 하면 제대로 돈을 받지 못하는 경우가 많기 때문에 생긴 이야기다. 우리나라의 잡코리아 같이 호주에서도 호주인들끼리 직업정보를 공유하는 사이트들이 있다. 그것들을 정리해봤다.

1. Australian Job Seach 주소: www.jobsearch.gov.au
2. Career One 주소: www.careerone.com.au
3. Seek 주소: www.seek.com.au
4. Yellowpage 주소: http://www.yellowpage.com.au/
5. Job Guide 주소: www.jobguide.dest.gov.au
6. Job Seeker 주소: www.jobseeker.com.au
7. Work Search 주소: www.workseach.com.au

이와 함께 호주 내 셰어정보 및 벼룩시장 정보도 함께 알 수 있는 검트리(http://gumtree.com.au/)가 있다.

호주워킹홀리데이에 관한 독설
브로커들에게 욕을 하기 전 자신의 열정부족을 반성하라

호주워홀러들이 일을 구하는 와중에 진절머리 나는 것이 있다. 바로 슈퍼바이저다. 그들은 중간브로커 역할로 일을 소개시켜주는 일을 하며 그에 따른 수수료를 떼먹는다. 경우에 따라 다르겠지만 통상적으로 농장 슈퍼바이저 같은 경우는 소개시켜준 사람의 주급의 5프로 정도가 슈퍼바이저 주급으로 들어간다. 보통 농장 슈퍼바이저 일이라는 것이 영어 못하는 한국인들을 대신해서 약간의 언어소통을 해주고 지시전달 사항을 해주는 일만 할 뿐이다. 농장주 입장에서도 편한 것이 노동자들에게 줄 돈을 슈퍼바이저한테 주고 알아서 분배하는 식이니 되러 마음이 편할 수 있다.

보통 농장을 가게 되면 같은 일을 하게 되도 어떤 사람은 직접 농장주와 접촉해서 아무런 돈도 안 떼먹고 돈을 버는 사람이 있는가 하면 어떤 사람은 슈퍼바이저 밑으로 들어가 주급의 10프로 남짓 떼이는 경우가 허다하다.

이 경우 슈퍼바이저를 욕할 것인가? 그것보다 슈퍼바이저에게 의지해서 일자리를 찾으려 했던 본인의 열정부족을 반성해야 되지 않을까?

81
호주공장 페이가 그렇게 센가요?

요즘 호주워홀러들 사이에 공장 붐이 일고 있다. 아무래도 대박농장을 찾아 가던 사람들이 돈을 많이 버는 것은 소수에 불과하다는 것을 깨달은 것도 있고, 농장시즌 동안 돈을 많이 번다해도 시즌 따라 철새 같이 움직여야 하는 호주농장일 특성상 꾸준히 높은 시급에 돈을 주는 호주공장이 아무래도 더 낫다는 생각에서다. 실제로 호주공장은 텍스잡으로 운영이 되며 시급 20불 이상의 고임금을 자랑한다.

주당 700불에서 800불 정도는 벌 수 있으며 본인이 하기에 따라서 주당 1000불을 세이브하는 사람도 생길 정도로 안정적 수입이 가능하다. 그리고 농장과 다른 장점으로는 시즌이 없고 꾸준히 호주워킹 기간 한 고용주 밑에서 일을 할 수 있는 기간 6개월까지는 일을 할 수 있다는 장점이 있다.

호주워킹홀리데이에 관한 독설
캥거루를 사랑했던 청년, 호주워킹 후 캥거루를 거들떠보지 않는 이유!

호주를 상징하는 동물.
다들 알다시피 캥거루다. 울룰루 사막에서 껑충껑충 뛰어다니는 야생 캥거루 사진을 배경으로 호주관광지를 설명하는 포스터들이 많을 정도로 호주를 대표하며 상징하는 동물이 캥거루다. 그래서 그런지 많은 사람들이 호주를 찾기 전 캥거루를 미지의 동물로 여기고 캥거루를 만나고 싶어 하는 것이 사실이다. 그런데 그와 반대로 캥거루를 사랑했던 청년이 호주워킹 후 캥거루를 그 누구보다 증오하게 되었다는 사연이 있어서 화제다. 그 청년이 그렇게 된 사유는 직장 때문이었다.

그 친구가 일을 한 곳은 캥거루 공장이었다. 일당도 시급 22불 이상 주는 일이라 다른 사람들보다 운이 좋게 일을 구했다며 좋아했었다. 그런데 그가 맡은 보직은 애석하게도 캥거루 고환을 자르는 일이었다. 캥거루 고기를 패킹하는 정도라 생각했지 죽은 캥거루의 고환을 자를 것이라고는 상상하지 못했던 것이다. 그래도 쉽게 돈 버는 일이 어디 있겠냐 하며 죽어 있는 캥거루의 고환을 하루의 몇 백 개씩 잘라냈다고 한다. 그리고 그로부터 한 달 후 캥거루만 보면 밑에 고환부터 보게 되었다 한다. 직업정신(?)이라고 해야 될까?

이 이야기를 하는 이유는 많은 한국인들이 호주공장 일에 대해서 돈을 얼마 버는지에 대해서만 관심이 있고 무슨 일을 하는지에 대해서는 알지 못하기 때문이다. 실제로 필자 같은 경우는 비위가 약해서 캥거루 고환, 그리고 동물의 사체를 다루는 일은 하지 못한다. 필자와 비슷한 사람들 많이 있을 것이라 생각한다. 그런 사람이 호주공장에 취업이 된들 무슨 일을 할 수 있을까? 호주공장 시급이 얼마인가를 따지기 보다는 가서 내가 무슨 일을 하는가를 먼저 알아봐야 되지 않을까? 한국에서 직업 구할 때 본인의 보직을 선택한 후 일을 구하지 않는가? 호주에서도 본인에게 맞는 일자리(농장 혹은 공장)를 선택하고 페이를 생각하기를 바란다.

82
울워쓰 청소는 어떤 식으로 일을 하나요?

호주워홀러들이 선호하면서도 가장 꺼려하는 일이 어떤 일일까? 단연코 나는 울워쓰 청소일이라 이야기한다. 사실 필자는 울워쓰 청소를 호주워킹 동안 7개월 동안 일을 했었고, 호주 세컨드 비자로 와서도 울워쓰 청소일을 했다. 그 이유는 울워쓰 청소일이 필자에게는 다른 일보다 쉽고 편했기 때문이다.

보통 울워쓰 청소일이 힘들다 이야기하는 것은 매일 일을 하기 때문이다. 1년 중 쉬는 날이 7일 정도 된다. 크리스마스, 박싱데이, ANZAK데이, 부활절, 신년 등이다. 그날을 제외하고는 하루도 안 쉬고 일을 한다. 그런 단점과 함께 혼자 전 매장을 청소해야 된다는 압박감이 존재한다. 필자가 6년 전 지금은 많은 한국인이 거주하고 있는 딸기농장의 고장 카불처라는 곳에서 7개월 홀로 청소했었다. 그 당시 주변인들이 부처님이라고 이야기할 정도로 홀로 고행해야 되는 것이 울워쓰 청소일이다. 그렇지만 장점은 아무래도 매일 일을 하기 때문에 주급이 다른 청소일 보다는 쎈 편이다. 또한 다른 사람이 즐길 때 잠을 잘 수밖에 없어 자연스럽게 돈 지출이 적어 호주 내 적금을 들 정도의 꾸준한 수입이 들어오는 것이 장점이다. 그런 장점 때문인지 조선족들이나 나이 많은 사람들이 불법체류를 하면서 돈을 버는 일이 바로 울워쓰 청소일이다.

호주워킹홀리데이에 관한 독설
돈 버는 것이 목적이면서
편한 일만 찾으려 하는 사람들

호주는 우리나라와는 다르게 3D직종 일에 많은 임금을 주는 것이 사실이다. 그러다 보니 본인의 노력여하에 따라서 주에 100만 원 가까운 돈을 주급으로 받을 수 있는 곳이 호주다. 그런 현실 때문인지 많은 사람들이 돈을 벌기 위해서 호주로 온다. 하지만 대부분의 호주워킹으로 온 사람들의 마음자세가 이런 일은 못해! 라는 식으로 3D일을 꺼려한다. 그러면서 편하게 에어컨 바람을 맞아 가면서 할 수 있는 일을 찾는다. 하지만 그런 사람들에게 이야기해주고 싶다. 왜 호주인들이 영어 못하는 당신을 써 줘야 되는가? 솔직한 이야기로 영어를 잘 해도 같은 조건이라면 서양인을 쓰는 것이 호주고용현실이다. 돈을 목적으로 왔다면 3D일을 할 생각으로 와라. 부잣집 따님 아드님 행세로 나 이런 더러운 일 못해! 라는 식으로 호주워킹 왔다면 한국에서 아르바이트 하는 것이 더 돈이 된다. 호주에서는 그런 정신자세를 가지고 있는 사람들을 고용하는 사회분위기가 아니라는 것을 명심하길 바란다.

83
캐시잡으로 일을 하던 중 다쳤습니다.
어떻게 해야 되나요?

해외에서 가족과 동떨어져 일을 하는 것도 서러운 데 몸까지 다쳤다면 그만큼 서러운 일이 없다. 그런데다 본인이 캐시잡으로 일을 해서 보험처리가 안 될 것이라 생각하는 사람들이 있다. 하지만 그것은 잘못 알고 있는 정보다. 호주 내 고용주는 피고용주의 보험을 드는 것이 원칙이다. 그리고 그 보험에 따라 호주정부에서 운영하는 워크커버라는 곳에서 보험금이 지급된다. 비록 캐시잡으로 세금을 내지 않고 돈을 받는 일을 하더라도 산재처리가 가능

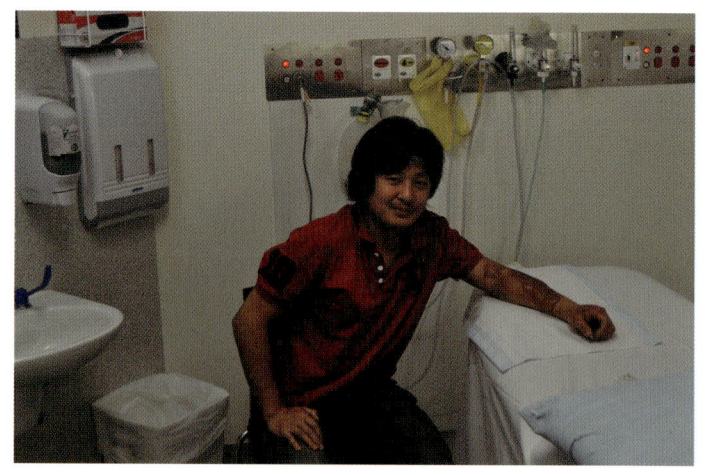

하다. 보통 상해진단에 따라서 몇천 불에서 많게는 몇만 불까지 보상받을 수 있다. 그리고 일을 못하는 기간 동안은 본인이 받던 주급의 50프로에서 100프로까지 지원받게 된다.

하지만 알아야 될 것은 본인의 비자타입이 일을 할 수 있는 비자타입이어야 보상받을 수 있다. 즉 워킹비자는 풀타임 일을 할 수 있는 비자이기 때문에 캐시잡 일을 했더라도 보상받을 수 있으니 걱정하지 말자. 그와 관련되어 상담받을 수 있는 사이트는 다음과 같다.

http://www.legalaid.nsw.gov.au/
법률적인 부분이라 해석이 어려울 사람을 대신하여 통역서비스가 무료로 제공되니 참조하도록 하자.

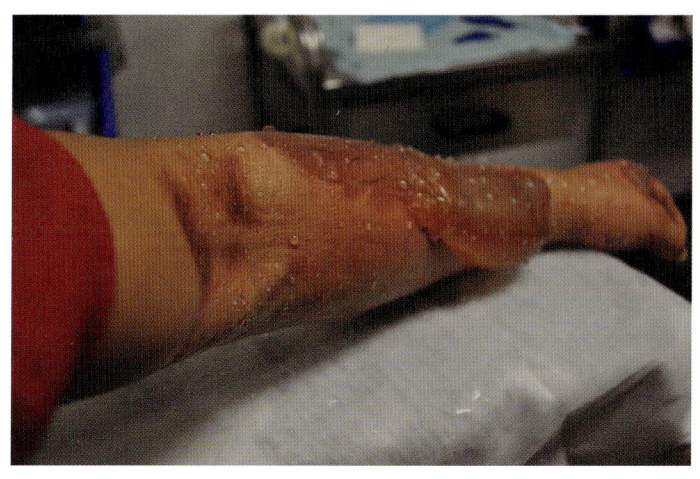

호주워킹홀리데이에 관한 독설
심하게 다치고 병원비 무서워
응급실 가지 못하는 학생들

호주워홀러들이 가장 착각하는 부분이 있다. 본인이 캐시잡을 하게 되면 법적보호를 못 받을 것이라는 생각이다. 그래서 산업재해로 손가락이 짓눌리는 사고가 나도 울며 한국으로 귀국하는 사람들이 많다. 하지만 이것은 잘못된 부분이다. 본인이 비록 캐시잡 일을 하더라도 고용주는 피고용주의 고용자 보험을 들어야 하며 워크커버에서 노동자들의 노동권을 보호해주는 것이 호주노동부의 입장이다.

그 사례로 산업재해로 손가락이 잘린 워홀러에게 워크커버에서 10만 불에 보상금을 준 사례도 있다. 실제로 일터에서 크고 작은 사고들이 일어나고 있다. 하지만 대부분의 워홀러들은 병원비가 무서워 심한 사고를 당해도 응급실을 가려 하지 않는다. 그런 사람들에게 말해주고 싶다.

돈도 돈이지만 몸 건강이 우선이라는 말과 함께 산업재해에 해당하는 사고는 전적으로 고용주 그리고 호주 워크커버에서 보험금 처리되니 몸을 가장 우선시해라.

84
워킹홀리데이 협정국가가 계속 늘어난다는데 사실인가요?

현재 우리나라와 워킹홀리데이를 맺은 나라는 영국 YMS(청년교류제도)를 포함해 총 21개국이다. 호주, 캐나다, 뉴질랜드, 일본, 프랑스, 독일, 대만, 스웨덴, 아일랜드, 덴마크, 홍콩, 체코, 오스트리아, 영국, 헝가리, 포르투갈, 네덜란드, 이탈리아, 이스라엘, 벨기에, 칠레 토탈 20개국 워킹홀리데이 협정과 영국과는 그와 비슷한 제도(YMS:청년교류제도)를 체결하고 있다. 정부에서는 앞으로 글로벌화에 발맞춰서 계속해서 워킹협약을 늘릴 계획이라고 한다. 사람들은 워킹협정을 맺을 때마다 외국에 가서 일할 수 있는 기회가 많아진다 생각해서 환영의 의사를 표하고 있다. 하지만 나는 씁쓸하다.

영어권 나라도 나라지만 프랑스와 독일의 워홀을 생각해보자. 불어와 독일어 같은 경우는 정말 영어하고는 다르게 프랑스어를 전공하지 않는 한 알고 있는 사람이 드물 것이다. 그런데 프랑스를 워홀로, 혹은 독일을 워홀로 갈 수 있다는 생각에 언어적인 부분은 고려하지 않고 만 30세 미만의 젊은이라면 갈 수 있다는 점에만 초점을 맞춰서 가게 되지 않을까?

호주에서도, 캐나다에서도, 일본이나 뉴질랜드에서도, 모든 워홀러의 경우 언어능력이 우수한 사람들에게 유리한 측면이 있다. 영어를 못하는 사람은 우리나라 안에서라면 하려는 생각도 않을 3D에 해당하는 일을 하게 되는 현실. 한국인이 없으면 거리가 지저분해진다는 이야기를 듣는 현실이 프랑스에서도 독일에서도 그리고 앞으로 체결되는 외국의 나라에서 나타나지 않을까?

정부에서는 앞으로 글로벌화 인재를 만들기 위해서 더더욱 많은 해외진출의 장을 만들겠다 공언했다. 하지만 생각해보자. 그 협약에 앞서서 그곳에서 어떤 일을 할 수 있다는 내용을 우리 한국의 젊은이들에게 인지시킨 적이 있는가? 없다. 단순히 협정만 맺을 뿐. 그 다음부터는 스스로 해야 된다. 실제로 호주에 가보면 외교관의 모습은 찾아보기 힘들다. 우리나라 사람이 무엇을 하고 있는지를 알고나 있는지 모르겠다.

그렇다고 해서 우리나라가 1년간 경험을 쌓았다고 생각하고 돌아오면 반겨줄 사회인가? 가는 사람들에게 어떠한 주의사항도 이야기하지 않은 채 갈 수 있다는 환상만 심어주는 우리나라의 시스템. 그러면서도 철저히 따져 물을 것이다. 1년. 뭐 하러 갔다 왔느냐고.

당신의 호주워홀이 의미 있는 추억이 되려면 철저하게 사회에 보여줄 것을 가지고 와야 한다. 아무리 영어 잘하는 사람도 토익점수가 낮으면 인정을 받지 못하는 사회……. 그 사회가 우리들이 살고 있는 대한민국이기 때문이다.

AUSTRALIA WORKING HOLIDAY
Q&A 85–96

호주워킹홀리데이 쓴소리 12

호주워홀의 대문은 열려 있다.
그리고 1년 동안 자신이 어떤 일을 하든 자유다.
자유가 방종이 되지 않아야 된다.
자신에게 주어진 1년이 잃어버린 1년이 되지 않기를 바란다.

85
호주 내 영어 못하는 동양인은 6순위라는 말을 들었습니다. 그게 무슨 의미인가요?

한국인, 일본인, 중국인, 베트남인, 필리핀인, 인도인, 여섯 나라 사람들이 있다. 우리가 생각하는 순위를 매겨보자.

아마도 이런 순위가 되지 않을까?

1위	인정하기 싫지만 일본인
2위	당연히 한국인
3위	중국인
4위	인도인
공동 5위	필리핀인, 베트남인

위의 예로 든 나라는 호주에서 많이 보게 되는 동양인들이다. 반대로 한국에서 보게 되는 외국인의 순위를 매겨보자. 영국인, 미국인, 프랑스인, 독일인, 남아공인. 아마도 1위 미국인, 2위 영국인, 3위 프랑스인, 4위 독일인, 5위 남아공인의 차례로 순위가 매겨질 것이다.

그런데 한 가지 질문을 더 던지겠다. 국적이 다른 다섯 명의 백인이 당신 앞에 서 있다고 치자. 당신은 저 순위대로 맞출 수 있을까? 아마도 백인이면 미국인이라고만 생각하지 않을까? 실제로 호주에서도 우리가 생각했던 동양인 순위 같은 것은 없다. 오로지 영어 못하는 동양인, 영어 잘하는 동양인으로 나뉠 뿐이다.

그리고 더 안타까운 것은 호주 내에서 들리는 순위다. 1순위는 장애인, 2순위 여자, 3순위 동물(애완동물), 4순위 백인, 5순위 영어 잘하는 동양인, 6순위 영어 못하는 동양인. 혹시 자신은 베트남인이나 필리핀인보다 우월하다고 생각하고 있지는 않는가? 자신의 영어가 부족하다면 영어 잘하는 동양인에게 무시당하며 사는 자신을 발견하게 될 것이다.

86
호주워홀 1년을 갔다 오면 어느 정도의 영어실력을 갖추게 될까요?

워홀을 갔다 온 사람들의 일반적인 영어실력. 과연 어느 정도의 영어실력을 가지고 귀국할까?

10의 8은 헛공부를 하고 온다. 그런데 희한한 것이 처음에는 그런 인식을 하지 못한다. 나중에 점점 시간이 지날수록 자신의 영어가 부족하다는 것을 깨닫는다. 필자 역시 호주에서 홈스테이 그리고 외국인 세어를 하면서 생활영어를 익혔다. 더구나 호주의 대형슈퍼마켓인 WOOLWORTH에서 7개월간 청소일을 하면서 외톨이 한국인으로 살아야 했기 때문에 서바이벌 영어를 할 수밖에 없었고, 그만큼 영어를 잘한다고 생각했다.

학교에서 영어공부를 한다는 것 자체를 돈 낭비라고 생각했다. 진정한 영어는 서바이벌을 통해서 하는 것이라고, 학교수업을 통해 공부하는 영어는 죽은 영어라고 생각하는 개똥철학도 가지게 되었다. 하지만 그것이 잘못되었다는 것을 한국에 와서 깨닫게 되었다. 내가 1년 호주워홀을 하면서 썼던 영어는 영어회화가 아닌 의미전달의 영어였을 뿐이었다.

호주에서 커피를 먹고 싶을 때 어떤 영어를 썼을까?

손가락으로 가리키며 COFFEE PLEASE!라고 말하면 되었다. 그런데 여기서 중요한 것은 종업원이 잘못 알고 다른 것을 주었을 때 나는 저것을 주문을 했는데 왜 이것을 주었느냐는 식으로 따지는 영어를 할 수가 없었던 것이다.

말 그대로 변칙이 일어나는 순간에 나는 몸이 얼음이 돼버렸다. 나는 HOW ARE YOU?라고 말할 때 FINE THANK YOU라는 답을 안 하는 외국인에게 당황한 웰컴투 동막골의 영어를 배웠다는 그 사람처럼 그렇게 얼음이 돼버린 것이다.

영어를 스스로 잘한다고 생각하는 사람들에게 묻고 싶다.

'미녀들의 수다'에 출연했던 브로닌이 한국어를 잘한다고 생각하는가? 점점 시간이 지날수록 한국어 실력은 늘겠지만 우리나라 사람처럼 능수능란하게 말을 할 수 있을까?

언어란 그런 것이다. 우리는 지금 이 순간에도 언어를 배우고 있다. 고작 1년 갔다 와서 영어를 정복했다는 것은 착각에 불과하다.

87
호주워홀 성공이야기는 왜 이렇게 없을까?

《공부가 가장 쉬웠어요》라는 책은 고등학생이었던 내가 꿈을 가지고 보던 책이었다. 그리고 당시 재수생 포함해서 수능을 준비했던 모든 이들에게 꿈을 가지게 했던 책이었다. 하지만 나이가 들면서 그 책에서 말한 것은 소수의 사람, 즉 정말 특별한 사람에게만 적용되는 논리라는 것을 깨닫게 된다.

호주워홀. 인원이 많이 줄었다고는 하지만 아직까지도 2만 명이 넘는 한국인이 호주를 찾는다. 주변에 호주를 갔다 온 친구가 없다면 인간관계가 안 좋다고 말할 정도로 호주로 가는 것 자체가 보편화되어 있다. 그런데 참 특이한 것이 그렇게 많이 갔다 왔다면 자랑하고 싶은 마음을 표출하는 사람이 상당수 나와야 맞는데, 그런 사람이 꽤나 드물다는 것이다. 호주로 가기 전 커뮤니티 공간에서 그렇게 설레며 호주를 꿈꾸던 사람들이 호주를 갔다 오면 자신의 개인공간인 SNS에 호주 관련 사진을 올릴 뿐 어떤 식으로 지냈는지에 대한 이야기는 별로 드러내지 않으려 한다.

왜 그럴까? 단순히 귀찮아서일까?

나는 알고 있다. 친구들이 "영어 한번 해봐"라고 이야기하면 자신 있게 이야기할 수 없는 자신을 발견하게 되고, 내가 1년을 갔다 올 동안 친구들은 번듯한 직장을 갖게 됐거나 자격증 하나라도 따는

데 자신은 그 시간 동안 정체되어 있었음을 알게 되기 때문이다. 마냥 호주가 좋다는 이야기에 현혹되어서 실패한 사람의 이야기는 단순히 의지가 약해서 실패한 것이라고 생각하지 않는가?

호주워홀에서 성공한 사람은 그만큼 엄격한 잣대로 자기 자신을 채찍질해서 그런 결과를 얻은 것이다. 혹시 지금 호주워홀만 가면 인생이 바뀔 것이라는 달콤한 이야기에만 현혹되어 있지 않는가? 그렇다면 당신은 나이가 들어서야 《공부가 가장 쉬웠어요》라는 책이 소수에게만 해당되는 것이었다고 푸념하는 사람에 불과할 것이다.

88
한국여성을 KFC라고 하던데 그 뜻이 뭔가요?

한국여성은 KFC, 이 말은 호주현지에서 쓰이는 은어다. 중국여자 일주일, 일본여자 하루, 한국여자 KFC, 즉 패스트푸드. 호주인들이 실제로 한국여자를 KFC로 부르고 있다. 그 정도로 호주 내 한국여성들이 성적으로 문란한 행동을 하는 경우가 많다는 얘기다. 실제로 호주 내에서 외로움을 호소하는 사람들이 늘어나고 돈을 아끼는 차원에서 동거를 하는 경우가 수두룩하다. 필자는 약혼까지 한 사람이 호주인과 동거하는 모습까지 봤다. 이유는 영어를 조금 더 빨리 습득하기 위해서란다. 죄의식은 없다. 어차피 1년이면 이곳에서의 행동은 잊힐 거라는 생각뿐이다.

호주 내 한국 여성들이 다 그렇다는 이야기는 아니다. 하지만 아무리 좋은 인상을 심어줘도 한순간에 무너지는 것이 이미지다. 그런 이미지가 심어질 정도로 몇몇 미꾸라지들이 물을 흐리고 있다. 결혼전문회사에서 호주로 1년 워홀을 갔다 온 여성은 등급이 한 단계 내려가고, 필리핀을 6개월 이상 갔다 온 남성의 등급이 내려간다는 사실을 알고 있는가?

호주에 잠시 머무르는 손님이 아니라 각자가 우리나라의 외교관이라는 생각으로 호주워홀을 가질 바란다.

89
여행은 순간을 즐기는 것이 아니라 과정을 즐기는 것이다!

"경험을 위해서 가고 싶습니다."
"영어요? 저는 별로 그렇게 신경을 쓰고 싶지 않습니다. 호주의 광활한 자연을 접하면서 무언가를 느끼고 싶습니다."
"그런데 궁금한 것이 있습니다. 영어는 어느 정도 되시나요?"
"아, 예! 영어는 초급입니다."
"아, 그러세요. 그럼 한 가지 더 물어볼게요. 여행이라는 것은 어떤 것이라고 생각하나요?"
"그게 무슨 말이죠?"
"그러니까 말 그대로 우리가 '1박2일'을 보면 여행의 정의를 내릴 수 있죠. 여러 가지 에피소드. 즉, 여행지를 가서 즐거운 것이 아니라 여행 속에서 벌어지는 에피소드가 즐거운 것 아닐까요?"

많은 사람이 영어실력이 부족한 상태로 여행을 간다. 초반에 여행을 가는 경우도 많으며, 중간 중간 슬럼프에 빠질 때마다 1주 내지 2주의 여행을 통해 슬럼프를 극복하기도 한다. 하지만 그런 식의 여행은 무의미하다. 영어가 안 된 상태에서 가는 여행은 순간을 즐기는 여행일 뿐이다. 호주는 스쿠버다이빙, 스카이다이빙 같은 익스트림 스포츠를 할 수 있는 여행지가 많다. 그리고 100불을 주면 그 모습을 DVD로 제작해서 주기도 한다. 실제로 그 추억을

DVD 속에 축약해서 한국으로 가지고 오는 사람들도 많다. 그런데 말 그대로 여행의 추억이 녹화되어 있는 그 순간만을 기억하는 사람들이 너무 많다.

여행을 같이 갔던 유럽인들은 기억이 안 난다. 왜냐하면 그들하고 대화를 하질 않았기 때문이다. 수없이 많은 여행객 중에서 인사말만 겨우 할 줄 아는 동양인에게 호의를 베풀 수는 없는 것이다. 호주여행을 갔다 온 사람 중에는 유럽인들과 연락처를 주고받으며 서로 안부를 묻는 사람도 있지만, 어떤 이는 여행 중에조차 한국인 친구에게 전화를 걸어 '너도 나중에 꼭 이곳에 오라'는 식으로 말할 뿐인 사람도 있다.

당신은 순간의 여행을 즐기는 사람이 되겠는가? 과정의 여행을 즐기는 사람이 되겠는가? 그 해답은 영어에 있다.

90
호주에서는 외국인 친구를 어떻게 사귀어야 하나요?

외국인 친구 사귀기.
워킹홀리데이를 가는 사람들이 가장 원하는 것인지도 모르겠다. 아무래도 외국인 친구를 사귀게 되면 영어정복의 꿈을 이루기가 쉬우리라는 생각을 가지고 있기 때문이다. 그런데 정작 호주에서 외국인 친구를 사귀는 사람은 드물다. 친구가 있다면 같은 동양계 쪽인 일본인이나 중국인들과 친하게 지낼 뿐이다. 그런 친구라도 있는 경우도 소수이고 대부분의 사람들은 환경은 호주지만 결국 어울리는 사람들은 주로 한국인이다. 시드니 같은 곳은 한국에서처럼 막창을 안주삼아 소주를 먹는 사람들도 많이 보인다.
대부분의 사람들은 호주를 가게 되면 당연히 현지인들이 나를 반겨줄 거라고 생각한다. 필자 역시 그런 생각을 갖고 호주에 갔다. 하지만 실상은 현지인들에게 우리는 낯선 이방인에 불과하다는 현실을 인식하게 될 뿐이다.
괜히 자존심이 상한다. '지네들이 얼마나 잘났기에……' 하면서 먼저 인사도 하지 않게 된다. 실상은 그런 행동 때문에 외국인 친구를 사귀지 못하는 것이다. 한국인의 인사법은 고개를 숙이고 "안녕하세요?"라고 말하는 것 아닌가? 그 사람들의 인사법은 손을 흔들며 "HI!"라고 말하는 것이다. 그들에게 먼저 다가가는 것은 우리가 해야 할 일이며, 그것이 친구가 되기 위한 첫 걸음이다. 그런 노력도 하지 않으면서 친구 사귀기를 바란다는 것은 어불성설이다.

실제로 호주워홀을 가서 외국인 친구를 사귄 사람들의 노력을 보자.

한 친구는 "내 카메라에 당신을 담고 싶군요"라는 인사를 건네면서 친해졌고, 어떤 친구는 못 그리는 그림이지만 외국인 친구들의 얼굴을 하나하나 그려줬으며, 어떤 친구는 한국 전통문화를 알 수 있는 선물을 준비해서 주었다. 가장 놀라운 친구가 있었는데, 그는 호주의 걸인에게 다가가 "밥을 사줄 테니 나의 친구가 되어달라"고 말했다. 그런 노력이 바로 외국인 친구를 사귈 수 있게 하는 과정인 것이다.

당신은 외국인 친구를 사귀기 위해서 어떤 노력을 할 것인가? 사람의 마음을 사로잡는다는 것만큼 어려운 것은 없다. 혹시나 호주 가면 저절로 외국인 친구를 사귀게 될 것이라 생각한다면 당신에게 외국인 친구는 영영 생기지 않을 것이다.

91
카지노에 가면 음료수를 공짜로 제공한다는데 사실인가요?

"기념이잖아."
"이런 것 언제 해보겠어."

영화 속에서나 봤을 법한 카지노. 사실 많은 사람들은 그것을 의지로 극복할 수 있다고 이야기한다. 하지만 그것은 의지와는 별개의 문제였다.

원래 도박이라는 것을 싫어했으며 화투조차 칠 줄 모르는 사람이던 필자조차 손을 자르면 발로라도 한다는 심각한 도박중독을 겪게 되었다.

카드를 만들면 음료수를 제공해주고 스타벅스 커피보다 더 맛있다는 커피를 주는 카지노……. 그것은 유혹이다. 악마의 유혹! 아직까지도 나는 머릿속에 룰렛 판이 떠오를 정도의 후유증을 가지고 있다.

실제로 호주에서 카지노에 중독되어 돌아오는 항공권까지 파는 사람도 봤고, 심지어 부모님에게 전화를 걸어 송금을 받으면서까지 중독에 빠진 사람들도 봤다. 순간의 호기심으로 시작한 카지노에 심각하게 중독되어버린 것이다.

자신은 중독에 빠지지 않을 의지력이 있다며 카지노에 가는 우를 범하지 마라. 음료수 2잔을 무료로 주는 곳도 있고, 시드니 멜버른 같은 큰 도시의 카지노에서는 게임을 하라고 소액의 머니가 들어 있는 카드를 주기도 한다. 이유가 뭘까?
그것이 바로 악마의 유혹인 것이다.

◀카지노 카드

◀도서관 카드
카지노 카드보다는 도서관 카드를 애용할 것을 권장한다.

92
100퍼센트 취업알선이 가능하다는 인턴십이 있는데 가는 게 좋을까요?

'100퍼센트 취업알선.'
'리조트에서 일을 할 수 있다.'
호주워홀로 가서 그 아름다운 호주의 환경을 보면서 일을 하고 영어도 배울 수 있다는데…… 인턴십, 이곳으로 가야겠어!
많은 사람들은 두 마리 토끼가 아닌 세 마리 토끼를 이야기하는 인턴십에 혹하게 된다. 우리나라에서도 근래에는 직장을 구할 때 인턴십을 필수로 거치지 않는가? 이런 현상 때문인지 사람들은 인턴십을 찾게 되고 호주에서도 그것에 맞는 프로그램을 만들게 된다. 그런데 필자는 절대로 인턴십으로 가지 말라고 이야기한다.
한국에서 인턴십이 결정된다?
너무 어처구니가 없지 않은가?
사실 우리나라 사람들은 영웅을 좋아한다. 그래서 자신이 도전하는 분야에서 성공한 사람들의 스토리를 자신에게 끼워 맞추는 경향이 있다. 그 사람이 어느 정도 노력했는지를 알려 하기보다는 그 사람의 성공스토리만 자신한테 맞출 뿐 스스로는 아무런 노력을 하지 않는다.
그래서 인턴십을 제공하는 업체는 아주 손쉽게 워홀러들을 유혹할 수 있다. 성공 케이스 하나만 가지고 있으면 된다. 그리고 컴플

레인을 거는 학생에게 이렇게 말한다.
"네가 노력을 안 했으니깐 제대로 된 일을 못하는 거다."
"네가 잘했으면 네가 봤던 그 사람처럼 좋은 일을 구할 수 있다."
이 말에 대해서 당당하게 반박할 수 있는 사람이 얼마나 될까?
항상 자신이 해야 할 노력에 대해서는 생각하지 않고 일단 누군가의 성공스토리에 자신을 맞추고 그것이 안 되면 사회를 탓하는 그런 사람이 되고 싶은가?
인턴십. 한국에서 어떻게든 다 될 것이라는 생각으로 하지 마라. 그것은 젊은이의 도전정신이 아니다. 나태한 생각으로 일자리가 구해질 것이라는 막연한 생각일 뿐이다.
특정 업체의 도움을 받기보다는, 자신이 직접 영어실력을 갖춰서 자신이 직접 작성한 영문이력서를 제출하면서 자신의 커리어를 알리는 것이 진정한 워홀의 정신이 아닐까 싶다.
지금 혹시나 인턴십을 생각하는 사람들이 있다면 묻고 싶다.
일자리를 구해준다는 이야기에 유혹당한 것이 아닌가?
아니면 진심으로 자신의 커리어를 보여주고 난 다음에 정식으로 인턴십에 뽑힐 생각을 하고 있는가?
이 질문에 당당하게 대답할 수 있는 사람만 인턴십을 가라. 만약 아니라면 리조트 인턴십을 가더라도 영어를 전혀 쓰지 않는 파트에서 한국어만 쓰면서 일을 하게 될 것이 틀림없다.

93
아이엘츠(IELTS) 5.5 되는 사람만
호주워홀이 가능하다는 이야기가 들리던데
그것이 사실인가요?

호주워킹홀리데이. 정말 많은 사람들이 간다. 언제 또 이렇게 저렴한 금액으로 갈 수 있겠느냐는 생각으로 가는 사람도 있고, 호주에 돈을 벌려고 가는 사람도 많다.

한 해 평균 3만 명 정도가 가다가 올해는 경제 한파로 인해서 더욱 더 많은 사람들이 호주로 갔다. 그런데 아마 호주의 소식을 어느 정도 들어본 사람이라면 이런 소리를 한두 번 들어봤을 것이다.

"아이엘츠 5.5 되는 사람만 호주워홀을 받자."

그 소문은 사실이다. 그리고 안타깝게도 그것을 요구한 사람은 시드니에서 유학중인 유학생들이다. 그 이유는 한국인들이 시드니에서 많은 잘못을 하고 있기 때문이다. 잠시 떠나는 것, 자유를 벗어나 방종이 되어버린 호주 워홀러의 모습이 그런 요구를 하게 만든 것이다.

그런데 왜 그렇게 호주에서 한국인 이미지가 안 좋은 것일까? 한국인은 잘못한 것에 대해서 책임을 지기보다 일단은 그 자리를 피하고 도망을 친다. 어차피 내가 있을 곳도 아니고 잠시 머무는 곳이라고 생각하기 때문이다. 그러다 보니 그런 피해를 봤던 현지 고용주에게 한국인은 기피대상 1호가 되어버린 것이다. 그래서 간접 피해를 보게 된, 호주 내에서 오랫동안 학업을 하는 사람들끼리 서명을 받아서 아이엘츠 5.5가 아니면 못 들어오도록 정부에 요청하려 했다고 한다.

어떤 생각이 드는가? 사실 호주워홀은 대문이 활짝 열려 있다. 그리고 1년 동안 자신이 어떤 일을 하든 자유다. 자신에게 주어진 1년이 잃어버린 1년이 되지 않기를 바란다.

94
호주워킹으로 와서 영어정복할 수 있을까요?

농장. 공장. 청소, 키친핸드 그리고 타일데모도. 대부분의 워홀러들이 일을 하는 유형이다. 이 곳에서 영어를 쓰면서 생활할 수 있을까? 물론 어떤 농장에서는 그리고 어떤 공장에서는 외국인들과 부딪치면서 영어를 쓸 수 있는 조건이 완성되는 곳이 분명히 있다.

한국에서 입밖에 내지 않았던 영어를 외국인들과 같이 살게 되니 어쩔 수 없이 쓰게 되어 영어가 늘었다는 착각(?)을 하게 된다. 영어가 늘었다는 표현보다는 상황판단에 따른 영어회화에 익숙해졌다는 것이 정답이다.

실제 우리나라 사람도 꾸준히 국어를 습득한다. 책을 보며 교양을 쌓고 더 나은 표현을 쓰기 위해 매일 학습을 한다. 그런데 고작 1년 남짓 워킹생활을 하면서 더군다나 일터에서 쓰는 영어가 능숙하게 된다 하여 내가 영어가 늘었다고 자신있게 이야기할 수 있을까? 더군다나 일터에서 쓰는 영어는 반복적으로 쓰는 문장으로 우리가 영어를 아무리 못해도 how are you? fine and you? 같이 무의식의 언어습득일 뿐이다.

실제 호주워킹생활로 영어정복을 한 친구들의 대부분은 일을 하더라도 많은 사람들과 만남의 기회를 가진다. 헌혈을 하거나 각 지역 도서관에 가서 커뮤니티프로그램에 가입해 사람들과 친목을 다진다. 실제로 호주 내 대부분의 도서관에서는 외국인들을 위한 특별프로그램을 운영하고 필자 역시 이곳을 통해서 영어공부를 했던 적이 있다.

호주워킹으로 와서 영어정복을 못 했다는 사람이 10의 8 이상이다. 그런데 달리 이야기한다면 10의 2는 호주워킹을 통해 영어정복을 했다는 이야기가 된다.

호주워킹의 막연한 꿈을 가지고 성공한 사람의 이야기가 무조건 내 것이라고 생각하고 왔던 사람들이 왜 그들의 노력은 애써 무시하는가?

호주워홀러의 영어정복. 10분의 8이상이 영어정복을 못한다는 선입견을 깨기 위한 피나는 노력이라는 것을 명심하길 바란다.

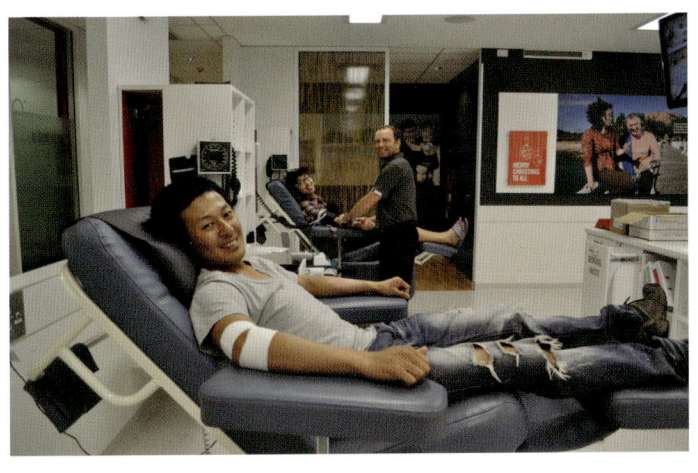

95
호주교민들끼리 공유하는 정보는 워홀러들은 잘 모른다. 그 이유는?

호주에 가게 되면 애석하게도 한국인들끼리도 계급이 존재하는 것을 느낀다.

1위는 시민권자
2위는 영주권 준비중인 자.
3위는 학생비자 소지자
4위는 영어 잘하는 워홀러
5위는 영어 못하는 워홀러

왜 이런 순위가 나오게 되었을까? 안타까운 이야기지만 호주교민 사회에서는 워홀러들이 교민들을 싫어하듯 교민들 역시 워홀러들을 극렬히 싫어한다. 싼 것이 비지떡이라는 식으로 워홀러들의 저렴한 노동력을 쓸 뿐이지 그들을 동족으로 여기지 않는 것이 현실이다. 왜 그런 일이 생겨났을까? 모든 워홀러들이 그런 것은 아니겠지만 워홀러들 대부분이 책임감 없이 일을 하는 것과 함께 잠시 1년 동안의 기간을 자유를 만끽하다 못해 도가 지나친 행동을 하는 경우가 많기 때문이다. 그러다보니 교민들은 자신들이 아는 알짜정보를 오픈하지 않는다. 쉬운 예로 자동차를 저렴하게 살 수 있는 사이트가 있다고 치면 그 정보를 절대로 워홀러들에게 누설하지 않는다. 그 이유는 그 정보가 알려짐과 동시에 그 사이트는 매력을 잃어버리기 때문이다. 워홀러들이 그 사이트를 이용해서 자신들의 돈벌이수단으로 이용하기 때문이다.

실제로 어떤 것을 조심하라고 이야기하는 정보를 고대로 수긍하는 것이 아닌 편법으로 교묘히 자신의 잇속을 챙기고 있는 것이 호주 내 워홀러들의 모습이다.

이곳 호주사회에서 한국인의 이미지는 동족끼리 서로 사기 치며 살아가는 양아치집단의 모습이다. 실제 낯선 외국에서 한국인을 만나면 반가워야 되는 것이 정상이지만 이곳 호주에서는 한국인이 접근하면 나를 어떻게 사기 쳐먹을까 접근하는 건가 의심부터 하는 것이 호주사회다. 왜 이런 현실이 나왔을까?

호주 내 한국인들끼리 계급이 존재하고 워홀러들에게는 100프로 정보를 공유하지 않는 이유. 서로를 탓하기보다 우리 모두 반성해야 될 것이다.

96
호주워킹 오기 전 채용박람회를 갔다 와라.

호주워킹을 오기 전 채용박람회를 갔다 와라. 무슨 뚱딴지 같은 소리냐 되묻는 사람들 많을 것이다. 필자의 요점은 이렇다. 호주워킹으로 온 목적을 확실히 하라는 이야기다.

사실 호주워킹으로 영어정복을 못한다는 것은 거의 기정사실화 되었다. 정말 천재적 언어감각이 있지 않는 한 영어정복은 쉽지가 않다. 영어정복이 호주워킹의 성공이라고 이야기하는 것은 아니다.

하지만 호주워킹을 떠나는 사람들의 연령대가 대학생이고 취업을 앞둔 예비졸업생들이 대부분이라는 것에 초점을 맞추고 싶다. 호주워킹을 온 대부분의 학생들이 자신은 경험을 위해서 왔다고 하지만 호주워킹을 갔다 오고 난 뒤 취업전선에 뛰어든다. 그리고 대부분의 학생들은 다들 그렇듯이 대기업에 들어가고 싶어한다.

그렇다면 과연 호주워킹으로 1년 혹은 2년 있는 동안 대기업 인사담당자는 호주워킹 경험자의 어떤 모습을 보고 고용을 할까? 농장, 공장생활 열심히 해서 연간 돈 5,000만 원 이상 벌었다는 사람들에게 박수를 쳐줄까?

아니다. 그들이 보는 것은 영어실력이다. 그들은 호주워킹을 알지도 못하고 안다 하더라도 이해할 이유도 없다. 1년이라는 기간을 단순히 호주어학연수를 갔다 왔다고 생각할 것이다. 그리고 학생들은 그들에게 자신의 호주워킹추억을 이야기할 수는 없다. 수없이 많은 지원자들 앞에서 인사담당자가 한 사람 한 사람의 경험담 이야기를 들어줄 인내심은 없다는 이야기다.

솔직해지자. 사업이나 전문직 일을 하지 않는 한 현재 대기업에 들어가고 싶지 않은가? 대기업들의 취업공고를 보면서 이력서를 넣고 있지는 않는가?

호주워킹을 오기 전 채용박람회를 갔다 와라. 그리고 자신이 호주워킹을 갔다 오고 난 뒤 지원할 회사의 인재상에 맞는 사람이 되도록 하자.

호주워킹으로 돈 많이 벌었다고 박수 쳐주는 사람 없다. 호주워킹 1년 혹은 2년이 지난 뒤 자신이 들어가고 싶은 직장이나 하고 싶은 일을 할 수 있는 사람.

그것이 호주워킹 성공한 사람의 모습이다.

호주워홀러들이 사기 당하는 유형 5

사기 당하는 유형을 알려주는 지금, 나는 걱정이다.
이 방법으로 아무 물정 모르는 워홀러들에게 사기 치지 않을까 하는 걱정이 든다.

11

1.
EXPIRE DAY를 항상 확인하라

보통 호주워홀러들끼리 많이 거래하는 것 중의 하나는 핸드폰이다. 핸드폰 같은 경우는 굳이 한국에서와 같이 오래 쓸 것도 아니기 때문에 중고폰으로 사는 경우가 현명하다. 하지만 그런 워홀러들의 습성을 이용한 사기행각이 있다. 그것은 중고폰 가격은 워낙 알려진 가격이라 속이지 않지만 폰 안에 들어있는 충전되어 있는 금액을 사라고 강요하는 것이다. 보통 충전액 30불이라고 했을 때 반값에 사라는 식으로 생색내며 판매유도를 한다.

구매자는 싸게 산다 생각하고 구입하지만 그 충전액 30불에 대한 유효기간은 고작 일주일에 불과하다. 이런 경우가 요즘 너무 허다하다. 이와 함께 교통카드, 인터넷충전 같은 경우도 대부분 EXPIRE DAY(유효기간)가 존재한다.

항시 워홀러들에게 물건매매를 할 때 조언하는 것이 있다. 싸게 팔면 의구심을 품어라. 한 번의 의구심만 품었어도 사기는 당하지 않았을 거다.

2.
바로 일을 시작할 수 있는 농장은 거의 없다

하루 살기가 버거운 워홀러들에게 일자리는 생명과 같다. 그러다보니 워홀러의 심정을 이용한 구인광고로 인해 피해를 보는 워홀러들이 점점 늘어나고 있다. 특히 많은 분야 중 농장일손을 뽑는 광고로 피해를 보는 사례가 가장 많다. 보통 농장구인 광고 중에 첫 구절에 나오는 것이 바로 일을 시작할 수 있다는 대목이다.

그러나 필자의 경험상 바로 일을 시작할 수 있는 농장은 거의 없다. 일을 하게 되도 일주일의 두세 번 정도 일을 하다 나중에 시즌이 되면 주 5일, 6일 일을 하는 식으로 농장일은 시작이 된다. 그런 구인광고를 내는 슈퍼바이저나 혹은 렌트 장사하는 사람들은 2주 방값 보증금을 받는다. 돈이 안 된다 생각하는 워홀러들이 떠나는 것을 방지하는 것과 함께 떠나도 그 돈(보증금)을 벌 수 있기 때문이다.

더군다나 차가 없는 워홀러는 농장에 온 이상 어딘가를 떠나지 못한다. 그러기에 농장을 가게 된다면 최소한 멤버 중에서 차를 가진 사람이 한 명이라도 있어야 된다. 아니다 싶으면 바로 그 농장을 박차고 나올 수 있어야 농장에서 사기를 면할 수 있다.

3.
중고차는 왜 항상 급 귀국세일일까?

호주에서 거주하려면 자동차는 선택이 아닌 필수다. 식용품을 사려 해도 주거지역과 동떨어진 지역에 있다. 호주는 우리나라에서처럼 동네슈퍼마켓이 걸어서 5분 이내에 있는 곳이 아니다.

그러다보니 호주 내 자동차는 중고매매 사이트에서 가장 많이 차지하는 거래품목 중의 하나다. 가격대가 최소 1000불 이상 단위이기 때문에 잘

못 사면 큰 낭패를 보기 쉽다. 그런데 아쉽게도 아무 물정 모르는 워홀러들이 새로운 아르바이트(?) 희생양이 되어서 안타깝다. 내용은 이렇다.

이곳 호주를 어느 정도 경험을 하게 되면 자동차는 혼자 살 수 있으며 중고차 매매를 쉽게 거래할 수 있는 경지에 오르게 된다. 그리고 자동차를 어디에 가면 싸게 살 수 있다는 정보를 알게 된다. 그러고 난 뒤 RWC없는 차량을 저렴하게 구매한다. 그런 후 손세차를 열심히 해 겉보기에는 새 차로 보일 정도의 차를 만든다. 그리고 자신과 어느 정도 친분이 있는 정비소에 가서 RWC를 어느 정도 페이를 하고 산다. 그런 뒤 아무 물정 모르는 워홀러들이 가장 정확하며 싸게 거래되는 정보라 믿는 각 지역 한국어 사이트에 급 귀국세일이라며 올린다. 가격은 기존가격에 1.5배에서 2배 정도의 가격뻥튀기를 한 뒤 자동차를 판매한다. 그렇게 며칠이 지나면 워홀러들에게 전화가 폭주하게 된다.

워홀러들은 급하게 한국으로 가게 되어 싸게 판다는 말에 아무런 의심을 못한다. 저렴하게 산다는 생각에 덜컥 다른 사람이 사기 전에 구매를 한다. 그리고 자동차정비에만 1000불 이상 지출한다. 이것이 신종 아르바이트로 돈벌이를 하고 있는 몇몇 워홀러들 그리고 호주를 안다는 사람들의 사기행각이다.

호주자동차를 사기 전 무조건 싸다고 사지 마라. 요모조모 다 따지고 사도록 하자. 자동차 값보다 수리비가 더 많이 들었다는 이야기. 그런 차를 판매하는 사람도 문제지만 그런 자동차를 싸다고 생각해 덜컥 산 사람들도 문제라는 것을 인지하기 바란다.

그리고 앞으로는 이런 신종 아르바이트가 유행하는 일이 없어지기를 바란다.

4.
집 렌트비용이 비싸서
베란다 셰어도 받는다?

필자가 호주에 와서 가장 분노하는 것 중의 하나는 집 렌트로 장사를 하는 사람들이다. 적당한 상식선에서 자신들의 방값 정도를 세이브하는 것이 아닌 집 여러 개를 렌트를 해 주당 1000불 넘게 세이브를 하는 사람들이 있다는 것에 경악하기 그지없다. 대부분 이런 사람들은 각 도시에서

오랜 기간 통학을 해야 되는 학생비자를 소지한 사람들 그리고 교민들이 이런 행태로 돈을 버는 일이 많다. 아무래도 가장 처음 워홀러들이 힘들어하는 것이 주거문제다. 더군다나 영어 못하는 사람들이 의지할 수 있는 곳은 각 지역마다 형성되어 있는 교민사이트다. 그 교민사이트에서는 연일 집 셰어정보가 올라온다.

그리고 그곳에서는 면접까지 본다고 할 정도로 공급보다 수요가 많은 것이 현실이다. 그런 현실에 렌트하는 사람들은 베란다 셰어까지 학생을 받아 돈을 챙긴다. 그리고 전기세가 많이 나온다며 추운 겨울날 온풍기 그리고 한 여름날 선풍기 트는 것을 감시한다.

물론 호주 현지에서 전기세 수도세가 우리나라보다 몇 배 비싸다는 것은 잘 알고 있다. 하지만 그 정도로 빡빡하게 굴 정도로 렌트하는 사람들이 돈을 못 버는 것이 아니다.

호주워홀러가 한 지역에 6개월 이상 거주하기가 힘들어 렌트를 못한다는 것을 이용한 악덕행위인 것이다.

집 렌트비용이 비싸서 베란다 세어를 받는다는 궁색한 집 주인의 변명이 거짓말이라는 것을 알 수 있는 것은 각 지역 REAL ESTATE(부동산)에 가보면 그 지역 방값 시세가 나온다. 참고적으로 각 집마다 정원 몇 명이라는 것 역시 명시되어 있다. 베란다 세어는 당연히 불법이며 거실 세어 역시 불법이다. 이제는 너무 당연시 되어 있어서 불법이라는 인지가 안 되어 있지만 엄연히 호주사회에서는 인정하기 힘든 행위다. 물론 거실 세어를 받아 방값이 줄어든다면 돈이 없는 워홀러들에게는 좋은 일이다. 하지만 그 행위가 집주인의 호주머니로 들어가는 상황이니 잘못되었다는 것이다.

오래 시티에서 있을 예정이라면 집 렌트를 통해 돈을 벌라는 조언을 듣는 호주교민사회. 그 이야기는 결국 나는 이득을 보지만 자신과 한때는 같은 위치에 있던 돈 없는 워홀러들의 힘든 상황을 이용한 행위가 아니겠는가?

더 이상 집 렌트를 통해서 주당 1000불 벌었다는 이야기가 자랑이 되어 버리는 것이 아닌 같은 민족의 안타까운 처지를 이용한 돈벌이를 했다는 부끄러운 행위로 인식되기를 희망해본다.

각 지역별 집 시세를 알 수 있는 정보는 다음의 사이트를 참조한다.

http://www.realestate.com.au

http://www.domain.com.au

그리고 본인이 거주하고 있는 지역의 부동산을 찾게 되면 그 지역 집 시세를 알 수 있다.

5.
수수료를 내면 호주취업 그리고 영주권이 가능하다?

호주영주권을 준비하는 워홀러들에게 영주권을 주겠다며 수수료를 챙기는 사기행각이 요즘 호주 내 가장 큰 문제로 대두되고 있다. 취업을 통한 스폰서십으로 영주권이 가능하다는 식이다. 현실적으로 가능한 일일까? 현실적으로 절대 불가능한 일은 아니다. 하지만 희망을 가지기에는 확률이 너무 낮다. 마치 농구를 갓 배운 사람들에게 네가 열심히 하면 마이클 조던 같이 될 수 있다고 말하는 격이라고 해야 될까?

필자가 이렇게 단정 지어 이야기하는 것은 요즘 이런 스폰서십을 미끼로 많은 이들이 사기를 당해서다.

내용은 이렇다. 수수료를 내면 취업을 시켜주겠다. 그 비용은 5만 불을 상회한다. 금액이 높으니 왠지 신뢰가 간다. 그리고 호주영주권의 혜택을 생각하면 5만 불이라는 돈은 그 다지 큰 비용 같다는 생각이 안 든다. 그리고 아무런 의심 없이 수수료를 지불한다. 그리고 그들이 이야기한 대로 취업은 된다. 하지만 2년이라는 기간. 마치 방위산업체에서 일하듯이 그 기간 동안 이도 저도 아닌 호주 내 최저임금 그리고 호주노동법에 전혀 맞지 않는 과도한 노동시간을 고용주는 요구한다. 그리고 2년이 채 끝나기 전에 귀사와 맞지 않는다며 권고사직 당한다. 실제 호주 시드니에서 너무나 빈번히 일어나는 사고다.

호주영주권을 간절히 원하는 사람들을 이용한 사기사건 중 가장 악질 사기사건이다. 아무래도 이민을 준비하는 대부분의 사람들은 한국의 삶을 정리하고 이민이 아니면 어딘가를 떠날 수 없는 사람들이다. 그런 사람들을 호주교민이 457(고용주 후원임시취업비자)를 이용해서 사기 치는 행각이다.

호주영주권 및 이민에 관련된 내용은 워낙 민감한 내용이라 법무사 이민 변호사도 100프로 확답을 안 주는 것이 정설이다. 어찌 그와 상관없는 호주교민이 이민이 이래라저래라 말을 할 수 있단 말인가?

호주영주권을 주겠다며 접근하는 사기꾼도 문제지만 수수료만 내면 영주권을 받을 수 있다는 안일한 생각을 가진 사람들도 잘못이 아닐까?

모든 일에는 정도라는 것이 있다. 호주영주권을 따는 데 있어서 자꾸 편법으로 갈 생각을 하지 말고 당당하게 정도로 호주영주권을 따도록 하자.

호주 내 불법행위가 일어나면 제일 먼저 의심하는 나라가 대한민국이라는 사실. 실제로 호주에서 그런 이미지가 팽배해져 있는 것이 안타깝지만 현실이다.

억울한 측면이 없지 않지만 반성해야 되는 측면도 있지 않을까? 항상 외국에 가더라도 대한민국 사람이라는 것에 자부심을 가지고 자신의 행위 하나하나가 나라의 이미지라 생각하며 행동하기를 바란다.

내가 경험한
호주워킹홀리데이
체험담 10

"저 또한 호주유학에 실패한 사람이고 아직 호주생활에 미련을 못 버리는 사람입니다.
농장은 블랙홀입니다. 한번 들어가면 빠져나올 수 없는 곳. 다시 한 번 생각을 하고 농장을 들어가세요"

12

농장생활은 블랙홀이다

김명훈

호주 오기 전에 저 또한 희망과 꿈을 가지고 왔지만 막상 현실은 달랐습니다. 아무런 준비도 없이 호주만 가면 다 될 거라는 생각은 저만의 착각이었고, 똑같은 하루하루가 반복되는 호주 생활은 지겨워지기 시작했습니다.

이때 아는 형이 농장계획을 준비하는 것을 보고 제 친구는 그 프로젝트에 참가하기로 하였고, 농장에 가면 돈도 많이 벌고 생활 또한 재미있다는 생각을 한 우리는 급물살처럼 준비하여 브리즈번 근교에 있는 게톤의 양파농장으로 떠나게 되었습니다. 저희 멤버들은 한 달 동안 죽었다 생각하고 일만 해서 만 불이라는 성과를 올리고 다시 도시로 돌아와 각자가 꿈꿨던 생활을 하기로 했습니다.

그러나 막상 농장 첫날 양파농장에서 일을 하는데 우리가 생각했던 것과는 너무나 달랐습니다. 아무것도 없는 벌판에 40도가 넘는 기온 속에서 한 시간도 견디기 힘들었습니다. 하루종일 일해도 100불은커녕 50불 벌기도 힘들었습니다.

우리 팀은 다시 회의를 해서 지인을 통해 다른 농장에서 일할 수 있다는 말만 듣고 무작정 다른 농장으로 이동했습니다. 그것이 포도농장이었습니다. 그때 호주가 여름이어서 포도가 시즌이었습니다. 포도를 따면 땅바닥을 기어 다닐 필요가 없어서 일도 편하고, 포도나무 또한 커서 그늘도 있고, 박스당 2불이라는 말을 듣고 포도가 제일 돈이 될 것이라 생각하여 포도 따는 일을 하게 되었습니다.

그러나 포도시즌이라서 농장에는 평소보다 많은 인력이 있었던 반면 필요한 장비에는 한계가 있었습니다. 저희 팀은 4명이었고 농장에서는 두 명 분에 해당하는 장비를 줬습니다. 처음이라 2명씩 열심히 하였지만, 돈은 얼마 되지 않았습니다. 포도농장까지 오면서 저희는 경비가 다 떨어지고 있었고 여기서 모든 것을 벌고 떠나야만 했습니다. 그런데 어느 정도 경험과 노하우로 돈을 벌 수 있겠다 싶었을 때 포도농장 시즌이 끝나고 말았습니다. 불과 2주 만에 포도시즌이 끝나고 다시 브리즈번으로 들어왔습니다. 그 후 우리가 계획했던 농장 생활이 이건 아닌데라는 생각을 하고 있었지만 막상 이제 갈 데라고는 농장밖에 없었습니다. 마치 블랙홀에 빠지는 느낌이라고 할까?

브리즈번에 도착하여 다시 농장에 들어갈 계획을 세우고 올리브농장에 가기로 하였습니다. 올리브는 진정한 대박농장이라고 아는 사람에게만 소문이 났고, 그 농장 정보는 거의 입소문조차 안 난 아주 귀한 농장정보였습니다. 일단 지역위치만 알고 저희는 올리브 농장으로 출발하였습니다. 무작정 들이대면서 농장주에게 일을 하겠다고 말했습니다. 우리가 원했던 올리브 피킹은 아직 시즌이 안 돼서 못했고 올리브 가지치기를 먼저 하게 되었는데, 말이 좋아 올리브 가지치기지 도끼와 톱 한 자루만 주고 요령을 대충 가르쳐주고 슈퍼바이저는 떠났습니다. 우리는 열심히 했지만, 하루 번 금액은 20불이었습니다. 더 암울한 현실은 방비와 픽업비를 빼고 나니

저에게 돌아오는 돈은 5불 정도였습니다. 이렇게 2주 정도를 일하고 저희는 돈을 저축하기는커녕 하루 벌어 하루 쓰는 정도밖엔 안 되었습니다.

결국 브리즈번으로 오게 되었습니다. 당시 저에게 있던 돈이라고는 2불밖에는 없었습니다. 집 나가면 개고생이라고 했는데, 제겐 그 말이 딱 맞아 떨어졌습니다. 브리즈번에 도착하여 저희 팀은 분열되었고, 4명에서 3명으로 준 채 농장으로 떠났습니다.

아무렇지 않게 시작한 농장생활이 어느덧 1년을 넘었고 세컨드 비자를 받고 다시 대박을 찾아 농장을 떠돌아 다녔지만 어떠한 농장에도 대박은 없었습니다. 어느 때는 14시간 일하고 100불을 벌어보고 차 사고가 나기도 했습니다. 돈이 없어 노숙도 하였고 방이 없어 40도가 넘는 곳에서 텐트를 치고 미고냉이라는 35센트짜리 인도네시아 라면을 먹으면서 생활하였습니다. 이런 것들이 지금은 추억이 되었지만 그 당시에는 비참 그 자체였습니다.

호주에서 돈 벌면서 공부하려고 하는 분들이나 농장에서 돈 벌어 학원 가시려는 분들은 한국에서 준비하고 가세요. 한국에서 돈 벌어도 그 정도는 번다고 생각합니다. 그리고 호주 가서 공부하려고 하는 분들 또한 한국에서 공부를 하고 기초를 다지고 떠나세요. 기초 없이 공부하면 어느 정도는 도달하지만 한계에 부딪히게 됩니다. 저 또한 호주 유학에 실패한 사람이고 아직 호주생활에 미련을 못 버리는 사람입니다. 농장은 블랙홀입니다. 한번 들어가면 빠져나올 수 없는 곳입니다. 다시 한 번 생각을 하시고 농장으로 들어가세요.

영어실력이 성공과 실패를 좌우한다

김용덕

호주워킹홀리데이를 다녀오자 주위의 많은 선후배들이 호주에 대해 물었다. 호주에 대한 서적이나 인터넷, 유학원 등은 그들에게 호주 Dream을 꿈꾸게 했고, 내가 호주에 있는 동안 그 꿈을 쫓아 몇몇의 친구들이 호주워홀을 왔었다. 그 친구들이 호주에 간 목적이 무엇이었는지는 난 잘 알지 못한다. 하지만 확실한 것은 지금 기본적인 생활영어조차 힘들어하는 걸 보면 영어 공부를 목적으로 갔던 것은 아니라는 것이다. 취업을 위해 영어와 씨름하는 그들을 볼 때면, 주위 사람들에게 호주에서 1년 가까이 있었지만 영어는 잘 못한다고 말끝을 흐리는 친구들을 볼 때마다 호주 생활에 대해 무엇인가 아쉬움이 남는 표정들을 읽을 수 있었다.

내가 호주에 있을 때 함께 호주에서 지낸 친구 이야기를 하자면, 그는 호주에서 아르바이트를 해서 번 돈으로 영어공부와 배낭여행을 할 목적으로 호주에 왔었다. 친구의 영어실력으론 시티잡을 구하긴 힘들었고 결국 오일 셰어를 하며 농장으로 떠돌아 다녔다. 종종 걸려오는 그 친구의 전화는 항상 힘들어 미치겠다는 이야기로 시작해서 내가 왜 사서 이 고생이

나는 이야기로 끝났다. 그리고 어느 날, 농장에서 같이 지내던 누나에게 두 달 동안 일해 모은 돈을 사기당했다는 연락이 왔다. 타지에서 한국인에게, 그것도 힘들 때 의지하며 지내던 누나에게 사기를 당한 것에 많은 충격을 받은 듯하여, 내가 있는 시티에서 같이 지내자고 하였다. 그리고 친구를 위해 쇼핑센터를 청소하는 아르바이트도 구해주었다. 그렇게 3개월을 일하고 나서야 호주에서 온 지 6개월 만에 3개월 과정 Language school에 등록할 수 있었다. 하지만 생활비를 위해 낮에는 학교, 밤에는 아르바이트로 빠듯한 하루하루를 보내야만 했다.

그렇게 한 달이 지날 때쯤, 학교에서 만난 여자 친구와 같이 살겠다며 친구는 이사를 했고 같은 시티에 살고 있었지만 서로 바쁜 생활에 전화통화만 가끔 했다. 그리고 또 다른 친구에게서 카지노에서 여자 친구와 자주 보인다는 다른 친구의 이야기를 들었다. 카지노에서 패가망신하여 한국으로 돌아간 사람들을 보며 내 친구는 아니길 바랐지만 그 역시 도박에 빠져 등록한 학교도 제대로 가지 않았고 결국 모은 돈을 다 잃고 남은 학교 수강증을 판 돈으로 짧은 호주 배낭여행을 하고 8개월 만에 한국으로 돌아갔다.

호주 어학연수를 통해 영어에 어느 정도 자신감을 얻고, 지금은 제2외국어를 공부하고 있는 나에 비해 아직도 토익에 씨름하고 있는 친구를 보면 차라리 호주로 가지 말고 한국에서 지냈으면 어떠하였을까 하는 생각이 든다. 물론, 호주에서 생활했던 그의 경험들은 그에게 값진 것이겠지만 3자의 입장에서 나는 그 친구의 8개월이 좀 아쉽다.

호주, 영어를 중급 수준까지만 준비해서 갔었더라면……

먼저, Language school에서 기본적인 General 과정이 아닌 TESOL, 비즈니스 영어, 여행 가이드 과정 등 실질적인 영어 과정을 이수할 수 있고 과정 수료 후 자격증까지 가질 수 있다. 그리고 아르바이트에서 배운 영어를 활용할 수 있고 자신의 취업에 좋은 경험이 되는 일을 할 수도 있다. 또한 호주 현지인을 포함한 다양한 외국 친구를 사귈 수 있고 호주 봉사활동이나 축제, 이벤트 활동에도 참여할 수 있다.

이 모든 것들이 자신의 영어 실력에 달려 있다.

지금도 호주 어학연수 및 워홀을 준비하는 주위 사람들에게 꼭 생활영어는 할 수 있을 정도의 실력을 갖추고 떠나라고 말한다. 그러면 호주의 생활이 인생에서 평생 잊을 수 없는 값진 경험이 될 수 있을 것이라고.

워홀에서 G.O.D를 기억하라

김은지

2009년 1월 그리고 26일, 그리 이르지 않은 아침. 왠지 이틀 밤, 그래 한숨을 못 자고 저가항공을 선택한 덕택에 입국심사만 두어 번을 하고 27kg 남짓의 짐에 끌려다니던 '김 은 지'. 한눈에 담아내기에 힘든 드넓은 땅덩이 그리고 일랑일랑 비집고 내 품 안으로 들어오는 조금은 무거운 여름 향기. 나는 벌써 브리즈번이었다. '은지'에서 'Amy'로 한순간에 탈바꿈되는 그때 내가 느꼈던 전율이 머지않아 여러분의 온몸 핏줄 샅샅이 녹아들 것이라는 것을 확신한다.

Unfortunately or fortunately, 남들이 그렇게나 무서워하는 '낯설음', '외로움' 그리고 워킹홀리데이 세 달쯤에는 대부분 겪는다는 'Home sick'라는 단어들을 나는 기억해내지 못했다. 워킹홀리데이 거의 다섯 달이 되어가는 지금까지도. 한 달에 한 번 정도 안부를 묻는 부모님과의 짧은 통화는 오히려 여기서 혼자생활을 하는 내게 촉매가 되었으니. 아! 'Money'는 왜 뺐느냐고? 이제 첫 걸음마를 뗀 워홀러들에게는 부푼 희망과 알 수 없는 외로움, 그리고 걱정이 먼저 앞선다는 것을 여러분도 잘 알

테니깐. 적어도 내 생각에 'Money'는 뭐니뭐니해도 사소하고도 가장 괴로운 자신과의 싸움일 뿐이다.
Amy가 우리 예비워홀러들에게 해주고 싶은 말은 Oh, God !

G(Goal), 목표. 자신이 왜 호주에 가는가. 호주에 가서 이루고 내것으로 만들 것은 무엇인지 반드시 호주워홀을 결심한 그 순간. 아니 그 전부터 고민에 고민을 거듭하여 종이에 적고(그저 두리뭉실한 생각 풍선만 띄우는 것은 안 하느니만 못하다. 반드시 워홀을 위한 다이어리 정도는 하나 사서 맨 첫 장에 꼿꼿이 적어두도록 하자) 가슴에 적고 열정으로 이들을 일궈내야 한다. 나 같은 경우에는 무역계에서의 인턴, 서비스업종에서의 아르바이트, 중국인 친구사귀기, 그리고 좀 더 자유로운 의사소통 꿈꾸기도 물론이었다. 운이 좋게도 나는 벌써 절반 이상은 이뤘다고 스스로에게 등을 토닥여주고 싶다. 이것은 Amy가 잘나서가 아니라 30세 이전의 해외경험만을 꿈꾸고 무작정 짐을 꾸리고 떠나는 여느 평범한 워홀러와는 다르게 정말로 확실한 목표와 세부일정까지 잡아 꾸준히 자신을 채찍질했기 때문이다. 물론 당근과 함께. 이 목표를 이루기 위해서는 기회를 포착하는 눈을 길러야 한다는 것을 알아야 한다. 그럼 이제-.

O(Opportunity), 기회. 이놈의 기회는 그저 눈이 아닌 마음과 근성을 활짝 열어놓고 한 번 "I am ready" 하는 순간 물고 늘어져야 한다. 바로 한국이 아닌 호주에서. 특히 외국인 친구를 사귈 때나, 일자리를 구할 때에 가장 중요한 포인트가 된다. 특별한 모임이나 일자리를 갖게 되기 전까지 여러분 중의 대다수는 같은 처지의 워홀러들이 많은 것이다. 언제 떠날지 모르는 그들과의 인연을 바로 당신이 만들어내는 것이다.

OZ(호주인) staff가 90%인 아이스크림 가게에서 유일한 아시안으로 본인은 일하고 있다. 문 밖의 기나긴 opening time을 확인하고 많은 인력을 필요로 할 것이라는 확신과 함께, 지나가던 길을 다시 되돌아 망설임 없이 이력서를 내놓은 것이 바로 인터뷰로 이어졌다. 기억하자. 사소한 관찰력에 불과하지만 trading time 확인(호주의 대부분의 가게들은 5,6시면 문을 닫는 것이 보통), manager의 유무(바로 이력서를 낼 수 있는 좋은 기회), 그리고 가게의 pick time을 피하는 것이 좋은 팁이 될 수 있다고 생각한다.

D(Direct and straightforward way), 우회가 아닌 적극적이고 솔직한 방법. 이것은 기회를 놓치지 않는 중요한 도구가 된다. 한국에서처럼 겸손과 예의의 덕목만이 전부가 아니라는 것을 뼈저리게 느끼는 것이 바로 호주이다. 너무나도 친절한 호주인들이지만 자신의 생각을(가능하다면 영어로) 표현하지 못하는 사람들에게는 그 기회조차 주어지지 않는다. 또한 호주 사람들은 상당히 자부심이 강하기 때문에 자신을 낮추는 경향이 많은 워홀러 아시안들은 친구든, 일자리든, 많은 기회와 경험을 놓칠 수 있음을 유의하자.

같은 한국인들이 내가 한국인인 것을 알아채지 못하고, OZ들도 나는 다른 아시안들과는 다르게 밝고 적극적이라는 소리를 듣는 지금. 덕분에 Crazy Amy라는 애틋한 애칭도 얻었다. 여러분들도 지금 당장 호주에 뛰어들고 싶지 않은가? 아. 잠시 oh my god! 내가 언급한 당신만의 God를 당신의 무모한 열정이 아닌 단단한 가슴에 새긴 뒤에, 그때 호주에서 만날 수 있길 바란다.

Cheers!

호주로 워킹홀리데이를 간다는 것

김현일

 안녕하세요. 저는 2007년도에 약 1년 동안 학생비자로 케언즈와 브리즈번에 있었습니다. 저는 이 글을 읽는 분들께 이렇게 말씀드리고 싶네요.

호주 워킹홀리데이는 가난한 자를 부자로 만들어주고, 우리 모두에게 필요한 영어를 쥐어주는 유토피아로 가는 길의 티켓이 아니라는 것이죠. 저는 학생비자로 있었지만 한 학교에서 오래 머물렀기 때문에 여러 유형의 워홀러들을 많이 만났습니다. 한국에서 영문학과를 다니다가 워홀러로 온 경우, 직장을 다니다가 관두고 영어를 배우기 위해 온 경우, 그리고 워홀러 중 가장 이상적으로 생각되는 영주권을 따러 온 경우 등등 말이죠. 거의 모든 사람들의 목표와 꿈은 다르지만 시작은 거의 비슷했습니다.

돈을 벌기 전에 일정 기간 영어학원을 다니는 것으로 시작하지요. 대부분의 워홀러들은 3달 내지 4달로 학원을 등록하는데 대부분 한 달 정도만 열심히 다니다가 나중에는 결석을 밥 먹듯이 하고 지각도 많이 하게 됩니다. 영어학원에서 배우는 영어가 본인에게 도움이 안 된다는 생각 아래에 말입니다. 하지만 분명한 건, 열심히 다닌 사람과 안 다닌 사람의 차이는 확연하게 존재한다는 거죠. 단지 안 한 사람들은, 그것 자체를 부정하려고 하기 때문에 못 느끼는 것뿐입니다.

제가 케언즈에서 5개월을 보낸 후, 브리즈번에서 생활할 때는 학원을 한 달 다니면서 학생비자로 일주일에 20시간씩 일을 했습니다. 더 큰 도시로 이동했기에 더욱 타인에게 의지 안 하고 혼자서 용돈을 부담없이 쓰고 싶어서였죠. 막상 워킹홀리데이로 가면 영어학원에서 세 달 내지 네 달을 열심히 공부했다 하더라도 일자리를 구하는 것은 그렇게 쉽지 않습니다. 제가 이 글을 통해서 가장 강조하고 싶은 것은, 워킹홀리데이를 가든 학생비자로 가든, 가기 전에 모든 준비를 될 수 있는 대로 완벽하게 해서 가시라는 것입니다. 특히 자금 면에서는 본인이 일자리를 못 구할 것이라는 가정 하에 든든하게 준비하시라고 당부말씀을 드리고 싶습니다.

제 친구 중에 한 명은 같이 사는 언니가 서른이 넘었지만, 밥값이 없어서 한 달여 정도를 그 친구가 먹여 살렸다고 합니다. 과연 그 언니가 나중에 그 빚을 다 갚을지언정, 그것을 도리라고 할 수 있을까요?

모쪼록 이 글을 읽으시는 모든 분들이 호주생활을 통해 아주 많은 것을 얻어오시기를 간절히 바랍니다.

자신의 목표가 뭔지 정하고 가라

박선영

난 24세 워홀러(워킹홀리데이비자를 소지한 자)였다. 호주에서 6개월 정도 지내고 한국으로 돌아왔다. 짧은 시간이지만, 주변 사람들의 모습과 상황들을 바라보면서 내가 느낀 건 바로 한 가지다.

'영어회화가 목적이 아니거나, 영어를 잘하지 않는다면, 그냥 한국에서 돈 벌어서 편하게 생활해라.'

위의 말을 보고 의아해하는 사람들이 있을 거라 여겨지지만, 현실을 빨리 깨닫지 않으면 시간과 자신의 인생만 낭비하게 될 것이다. 호주에서 일하면서 '영어랑 돈', 2가지를 다 얻어가야지라고 생각하는 사람이 참 많다. 난 그런 생각을 하는 사람들에게 다음과 같은 질문을 던지고 싶다. "영어 얼마나 잘하시나요?"

한국에서 시급이 4,000~4,500원 정도 할 때, 호주 시급은 14,000~16,000(Tax제외)원이라서, 모두들 이렇게 생각한다. '외국은 시급도 많이 주고, 영어도 쓸 수 있으니깐 외국에서 일해야지!' 큰 착각이다. 저 시급을 받는 경우는 엄연히 호주사장 밑에서 일하는 사람들만 받을 수 있는 시급이다. 우리나라 워홀러들이 호주사장 밑에서 일하는 수는 얼마나 될까? 한국친구 15명 중 1명 있을까 말까다.

왜 극소수인 걸까? 그 의문에 답은 하나다. 영어로 대화가 안 되기 때문이다. 적어도 UPPER-INTERMEDIATE(호주 랭귀지스쿨의 영어레벨) 정도는 돼야 호주사장 밑에서 일할 수 있는 가능성이 조금이나마 있다. 아마 INTERMEDIATE 정도의 레벨이라면 랭귀지 스쿨을 조금 더 다녀서 UPPER LEVEL로 졸업하는 걸 권하겠다.

내 주변 사람들 중에 INTERMEDIATE LEVEL로 졸업한 사람들은 한국사장 밑에서 술집청소, 한인식당, 세차장, 주방 설거지(키친핸드라고 칭한다) 등 허드렛일만 할 뿐이다. 그것도 시급은 9,000~10,000원을 받으면서 말이다. 방세, 식비 빼면 시급은 한국과 별다를 게 없다. 그럴 바에는 그냥 한국에서 편하게 돈 버는 게 훨씬 나은 생활이 아닐까?

선택과 집중의 힘을 발휘하자

박윤식

 지금 되돌아보면 호주라는 대륙은 나에게 많은 것을 안겨주었던 것 같다. 내가 꿈을 갖고 호주를 찾게 되었을 때, 모든 꿈을 이루리라는 열정을 갖고 있을 때, 아마 그때부터 큰 대륙은 나에게 새로운 인생의 무대가 되었다.

어느 한 시점에서 3가지 중 하나를 선택해야 할 시기가 있었다. 그 큰 결정의 순간에 한 종이가 나에게 길을 제시해주었다. 그 종이는 중학교 1학년 첫 시간에 도덕선생님께서 자신의 꿈 10가지를 적으라고 한 후 걷어간 종이, 그 종이를 마지막 수업 때 나누어주셨는데, 그 종이의 1번이 '세계여행을 한다'는 것이었다. 그래서 선택을 하게 되었다. 아마 중학교 때부터 나는 세상을 보고 싶었던 것 같다.

호주로 가는 선택은 많은 질문과 고민을 주었다.

'돈을 벌면서 공부를 할 수는 없을까?'라는 물음은 나에게도 예외는 아니었다. 다양한 경험을 하면서 두 가지를 동시에 취득하는 것이다. 하지만,

물론 쉽지는 않았다. 생각과 계획의 단계와 실행의 단계는 확연히 다르다. 누구나 그런 생각을 할 것이다. '두 마리 토끼를 잡을 수 있다.' 나 역시 할 수 있다고 믿고 있었다. 그리고 실행의 단계에서는 이러한 환경을 만들기 위해서 잠자는 시간을 줄여서 일하게 되었고, 한국 사람이 없는 시골로 이동하게 되었으며, 같이 일하는 동료를 친구로 만들고자 했고, 현지인들과 함께 생활할 수 있는 집을 찾게 되었다. 즉, 직접 환경을 만들려고 하였고, 상황이 힘들어도 그 속에서 주어진 것에서 참된 의미를 찾고자 하였다.

'영어는 한국에서 안 하고 호주에 가서 하면 되겠지'라는 발상은 나중에 '호주에서 안 되니깐 한국에서 학원 다니면 되겠지'라는 자기 합리화에 도달하게 된다. 호주 생활에 익숙해지면서 나태해지는 나 자신을 보았을 때가 바로 그때였다. 이때부터 하루에 10시간 이상씩 읽고 쓰고 말하고 듣기 모든 분야에 골고루 투자를 하였다. 새벽에 일했기 때문에 일을 하지 않는 모든 시간을 영어에 노출하려고 노력하였다.
여기에서 꼭 말하고 싶은 두 가지가 있다. 호주에서 반드시 책상에 앉아서 공부하는 시간을 일정하게 유지해야 한다. 두 번째로는 그 습관을 한국에서부터 몸에 익혀야 한다는 것이다. 알지 못하면 절대 들리지 않는다. 우선 머리를 채울 수 있는 절대적인 시간을 확보하라는 것이다. 언제부터? 바로 지금부터이다.

"호주 갔다 왔으니 그럼 영어는 잘하겠네?" 한국에 돌아오자 취업이라는 새로운 목표가 생겼다. 그리고 항상 면접에서는 이런 질문들이 나에게 주어졌다. 분명히 객관적인 영어점수나 실질적인 어학 능력을 요구하는 기업체들이 많은 것 같다. 하지만 난 이런 질문을 받을 때마다 웃음이 나왔다. 너무나 소중한 추억들이 생각났고 그 추억들 속에서 '자신감'이라는 것을 배웠기 때문이다. 그러한 질문에 주눅이 들지 않았다. 나 자신을 믿었기 때문이다. 말을 정확하게 못하더라도 누구보다도 크게 당당하게 할 수 있다고 믿었기 때문이다. "네 할 수 있습니다. 원래 노력하는 스타일입니다." 이 한마디로 난 영어를 한마디도 안 하고 원하는 기업에 입사할 수 있었다. 목표를 향한 집념과 열정이 있었기에 가능했던 것 같다.

세 가 지를 머릿속에 간직하고 살아라

유주리

"호주로 워킹홀리데이 간다고? 네가 번 돈, 머릿속의 개념, 네 인생의 꿈, 이 세 가지는 꼭 가져가!"

나는 2008년 9월, 1년 반을 꿈꾸며 기대하고 간 호주에서의 워킹홀리데이를 무사히 마치고 다시 한국으로 돌아왔다.
만 18세부터 만 30세까지 발급 가능하고 넓고 따뜻한 나라에서 합법적인 일과 영어공부, 호주워킹홀리데이 비자의 매력적인 조건은 나를 호주로 가도록 했고, 많은 다양한 나라의 젊은이들을 지금까지도 호주로 가게 하고 있다.

"1년 열심히 내가 번 돈 모아서 호주로 가야지! 영어공부하고 일도 하고~." 내가 호주로 가기 전 일 년 반 동안 일하면서 주위 사람들에게 항상 했던 말이다.
'우선 부모님께 도움 받고 공부하고 돌아와서 갚으면 되지, 뭐 하러 돈 벌려고 1년이라는 시간을 낭비하나?' 이렇게 생각하는 사람들도 분명 내

주변에 있었을 것이다. 하지만 난 호주 가기 위해 마음의 준비를 하고 돈을 모으던 그 일 년을 후회하지 않는다. 처음에 썼듯이 내 스스로가 번 돈은 정말 중요하다. 그 금액이 많든 적든, 내가 돈을 벌어봐야 쉽게 쓰지 않을 수 있고 열심히 살 수 있다.

호주까지 와서 등록한 비싼 어학원도 2달이 지나면 슬슬 지루해지고, 아무렇게나 찍어도 달력 사진 정도가 나오는 아름다운 곳에서 놀고 싶은 마음은 굴뚝 같아졌지만, '내가 어떻게 번 돈인데!'라고 생각하는 순간 마음을 다잡을 수 있다. 학생비자로 와서 1년, 2년을 비싼 학비 내고 등록했지만 출석률을 채우지 못해 비자 취소되는 학생들도 여럿 봤다.

그래서 두 번째로 머릿속에 개념을 꼭 가져가라고 말하고 싶다.

당장 옆에서 잔소리해줄 엄마, 아빠, 아니면 친구들이 곁에 없기 때문에 자유로운 외국에서 쉽게 나태해지고 또 나쁜 유혹들에 쉽게 넘어갈 수 있다. 또 그곳에서 새로 사귄 현지인(그리고 한국인)이 마냥 좋은 사람들일 거라는 보장도 없다. 1달러로도 게임을 할 수 있는 쾌적하고 신나는 카지노가 곳곳에 있고, 돈 쉽게 벌게 해주겠다는 불건전한 광고들까지⋯⋯.

꼭 호주가 아니더라도 타국에서의 외로움은 사람을 유혹에 흔들리게 만들기 때문에, 반복되는 판단의 순간에 나 자신을 지킬 수 있는 올바른 선택을 할 수 있을 개념, 꼭 필요하다.

세 번째로 내 인생의 꿈, 목적이 있는 방황은 방황으로만 끝날 수 있지만, 목적도 이유도 없는 방황은 인생의 황금기를 썩힐 수 있다. 당장 내가 '어떻게 그 꿈을 이룰 수 있을까?' 하는 의심이 들더라도 나만의 꿈을 가지고 광활한 호주로 가겠다면 대환영이다. 그렇지만 새로운 나라에서 꿈도 목적도 없이 버티기는 힘들다.

나의 경우에는 어학원에서의 공부를 마치고 영어에 대한 나름의 자신을 가지고 한국사람이 거의 없는 곳에서 JOB을 구하겠다고 나섰지만, 정보 부족과 비수기로 인해 일주일 만에 포기해야 했다. 떨어져가는 돈과 혼자라는 외로움에 어찌할 바를 모르고 있던 찰나, 역시 혼자 TULLY라는 바나나 농장에 간 친구에게 전화를 받고 바로 짐을 싸서 그곳으로 갔다. 8인실의 그다지 깨끗하지 않고 개인 공간도 없는 백팩커에 도착하니 '이래서 농장에 가지 말라고 했나보다. 일주일만 있다가 떠나야지'라고 마음먹었는데, 주 5일 새벽 6시부터 오후 3시까지 일하면 일주일의 방값과 식비가 충분히 벌리는 그곳의 생활에 순식간에 적응되었다.

하지만 곧 '내가 여기서 안주하면 나도 농장 갔다가 실패했다는 소리를 듣겠지? 호주 가서 영어 배우고서 그걸로 외국 사람들이랑 일할 거라고 했는데……. 그냥 돈만 벌려고 한 건 아닌데……. 내 꿈 승무원이 되려면 영어 끝까지 붙잡아야 하는데…….'

그나마 내 꿈을 위한 나의 마음은 일 안 하는 시간에 영어책을 들여다보게 했고, 또 같은 바나나라는 공통의 일을 가진 백팩커의 외국친구들과도 쉽게 말을 틀 수 있었다. 그들과 더 많은 대화를 나누고 싶어서 어학원 다닐 때보다 더 열심히 영어공부를 했었다. 꿈이 있었기에 내가 나를 채찍질하며 나 자신을 붙잡을 수 있었고, 호주에서의 시간이 내 인생에 가장 잊지 못할 순간이 되었다.

가라! 그 넓은 땅 호주로! 가서 더 많은 것들을 배우고 느끼고 성장해서 호주가 아닌 다른 곳으로 가는 바쁜 사람이 되어서 오도록!

영어공부 이렇게 하세요

신유리

　　　　　　　　　　워홀로 호주를 선택한다면 오기 전에 좀 더 준비를 하고 왔었으면 하고 아쉬움이 남습니다. 지역이나 학원을 선택하기에는 한국에서 얻을 수 있는 자료가 부족하겠지만 자신의 결정으로 선정한다면 후회는 없을 것 같습니다. 물론 호주 어디를 가도 한국인이 많다는 점은 감안하시고 수업제도나 퀄리티에 무게를 두고 결정하시기를 추천합니다.

호주에서 생활한 지 3개월에 접어든 학생으로서, 추천해드리고 싶은 영어공부 방법은 두려움을 없애라는 것입니다. 제 경우엔, 음식 주문하기 전에 문장을 준비하고 입에 익힌 후에 주문을 하곤 했습니다. 처음에는 너무 빨리 말해버려서 호주인들이 다시 묻곤 했지만, 차근차근 손짓발짓 하며 이야기하면 도움이 되더라고요.

하지만 초기에는 학교, 집, 학교, 집으로 반복된 삶을 살았지만, English swap 공부체제를 선생님께 듣고 홈페이지에 제 소개와 메일주소를 남겨 한국어를 배우고 싶어하는 학생과 영어를 배우고 싶은 제가 함께 교환해서 무료로 영어도 배우고 한국도 알리는 일석이조의 방법을 이용하고 있습니다. 한국말을 하면 안 되는 상황에서 한국말을 가르친다? 처음에는 이런 생각으로 포기할까 했었지만 대부분의 외국인이 한글 ㄱ, ㄴ조차 모르기 때문에 한국말 쓰는 것에 대한 부담감은 덜었습니다. 하지만 위험한 상황이 닥칠 수도 있으니 조심하시고요. 아는 길을 가더라도 외국인에게 한 번 더 물어보시고요.

또한 외국인을 만났을 때 먼저 웃는 것 또한 좋은 방법입니다. 대부분의 한국학생들이 무표정으로 다니지만, 웃으면서 대화를 이끌어 간다면 좀 더 긴 대화를 기대할 수 있습니다. 여러분도 두려움을 없애시고 자신감을 갖고 도전한다면 어느새 영어로 신나게 얘기하고 있는 자신을 발견할 수 있을 것입니다. 호주에서 가장 중요한 영어공부는 자신감입니다. 모두 자신감을 갖고 시작하십시오.

목표를 가지고 매사에 도전하자

오승준

2009년 5월 31일. 벅차오르는 기대와 흥분을 가지고 브리즈번에 도착하였습니다. 저에게 호주란 마음만 먹으면 영어향상과 함께 돈도 벌고 즐거운 호주의 생활을 누릴 수 있는 곳이라 생각하였습니다.

하지만 정작 호주의 워킹홀리데이생활은 그리 만만치 않았습니다. 필리핀에서 3개월간 배워온 영어는 나름 자신감을 가질 정도는 되었지만, 현지인의 말은 들리지 않고 저 자신도 꿀먹은 벙어리처럼 돼버리는 게 현실이었습니다. 그리고 900불을 들고 시작한 저에겐 당장의 일자리가 필요하였습니다. 하지만 한국에서 전해 들었던 달콤했던 호주의 풍부한 일자리 세계와 달리 요즘에는 영어가 능숙한 외국인조차 일을 구하지 못해 안달이 나 있을 정도로 호주 일터의 문은 무겁게만 보였습니다. 하루하루 이력서를 여기저기에 있는 업소의 매니저에게 돌리고 현지사이트에 직접 이력서도 넣어보고 했지만 도무지 길이 보이지 않아 암담한 상황에서 좌절을 하였지만, 저 나름대로의 호주 일주 계획과 영어회화 향상이라는 목표 때문에 포기할 수 없었습니다.

그렇게 3주째가 되고 운이 좋게 카불처 외곽 공장 청소직을 얻게 되어 현재까지 일을 하며 한걸음 한걸음 호주에서 계획한 목표를 향해 나아갈 수 있게 되었고 지금도 열심히 일하며 틈틈이 공부도 하고 호주도 느끼며 살고 있습니다.

많은 분들이 호주에 오실 때 저마다의 큰 목표와 꿈이 있으리라 생각됩니다. 하지만 자리를 잡고 적응이 되면 여러 분위기에 매료되어 스스로 나태해지고 현실에 안주하기 십상입니다. 다른 이들이 밟아간 계단을 따라 오르려 하지 말고 언제나 새로운 도전과 경험을 해보시기 바랍니다. 거리에 나가면 만날 수 있는 수많은 네이티브 선생님들과 어울리며 영어도 향상시켜보시고 호주라는 광활한 대자연을 여행을 통하여 진정으로 느껴보시기 바랍니다.

가장 중요한 건 목표를 세우셨으면 쉽게 현실에 나태해지기보다 언제나 그 목표를 위해 노력하시기 바랍니다. 그러면 20대의 값진 1년이라는 시간이 인생을 살며 두고두고 꺼내볼 수 있는 멋진 추억으로 남을 것입니다.

준비된 자에게 기회의 창이 열린다

이보라

　　　　　　　　　　　내가 일을 구하기 시작할 무렵, 호주의 경제 사정이 좋지 않아서 호주인들조차 일자리를 잃고 있었고, 고기 공장에 들어갔다는 한국인들이 한 번에 모두 정리해고 당했다는 이야기가 퍼지고 있었다. 결국 조급한 마음에 랭귀지 스쿨이 끝나기 한 달 전부터 레스토랑, 바, 푸드코트 등등 외국인이 운영하는 음식점에 수없이 이력서를 돌렸고 한 달 이후에는 썬브리즈번에 올라오는 한인잡에도 이력서를 냈었다. 한국에서 들은 것처럼 시티에 이력서 몇십 장만 돌려도 한두 곳에서는 연락이 온다는 이야기와는 달리, 몇 주간 단 한 차례도 연락이 없었고 마지막까지 보류해두었던 한인잡마저 자리가 많지 않았다. 게다가 한인 업주들은 구인광고 시 아예 워홀비자를 제한하는 경우도 있었다. 업주들 사이에서는 워홀비자 학생들은 영어실력이 부족해 외국인 손님들과 의사소통도 안 될 뿐더러 장기간 일할 수 있다고 해놓고 3~4개월 일하다가 학원등록과 여행을 핑계로 쉽게 일을 그만 둬버리는 식으로 책임감이 없다는 인식이 있어 영주권자나 학생비자 소지자만 뽑는 가게도 있었다. 그렇게 일자리는 적고 그나마 있는 일자리 중에서도 몇몇 곳에서 워홀비자를 제한하고 나니 일자리 구하기는 더욱 어려웠다.

너무 불안하고 절망한 나머지 그만 포기하고 한국으로 돌아갈까 망설이고 있었을 때쯤 호주인이 운영하는 레스토랑에서 키친핸드로 일하고 있던 페루 친구가 위로의 말을 해주었다. "호주인 잡 구하기가 정말 힘들다. 하지만 결코 불가능하지는 않다. 힘들다고 포기하거나 아시아인 밑에서 일하려고 하지 말고 계속 노력해 봐." 그 친구의 격려에 용기를 얻어 결국 마지막으로 한 번만 더 시도해보자는 심정으로 이력서를 들고 South Bank Parkland 쪽으로 돌아다녔다. 역시나 vacancy는 없다는 이야기들뿐이었고 마지막으로 한 곳만 더 돌리고 집으로 가려는데 마지막으로 갔던 이탈리안 레스토랑에서 마침 waitress를 구하고 있었다. 즉석에서 면접을 보고 하루 training을 거쳐 구직 한 달 만에 호주인 밑에서 일을 할 수 있게 되었다.

주말이면 south bank로 몰려드는 사람들 덕분에 레스토랑은 정신없이 바쁘게 돌아갔고 일이 끝나면 한 발 내딛기조차 힘들 정도로 아픈 다리를 이끌고 집으로 돌아가기가 일쑤였다. 홀 스태프 중 한국인은 유일하게 나 혼자였고 다른 나라 스태프들 사이에서 한국인으로서 일 못한다는 소리가 정말 듣기 싫어서 땀이 날 정도로 분주히 왔다 갔다 하며 열심히 일했다. 그 덕분인지 일을 시작한 지 한 달쯤 되었을 때 매니저와 한 멕시코 직원이 나에게 해준 말은 "You are the best worker"였다. 한국인의 성실함을 이곳에서 인정받는다는 생각에 정말 기뻤고 나중에는 내 레스토랑처럼 소속감을 갖고 일하게 되었다.

외국인 잡의 장점이라면 높은 페이도 있겠지만 외국인들과 함께 영어를 써가며 일하는 경험을 할 수 있다는 것이다. break time에는 어설픈 영어로 직원들과 수다도 떨고 가끔 모르는 표현들도 물어보면 천천히 친절하게 설명해주기 때문에 그들과 함께 일하는 것은 영어 공부에 상당한 도움이 된다. 영어실력 향상을 목표로 하는 워홀러들에게는 일상생활 속에서 영어를 배울 수 있는 기회를 갖게 되는 셈이다.

외국인 밑에서 일한다는 것만이 꼭 성공적인 워킹홀리데이라고 생각하지는 않는다. 다만, 한인잡이든 오지(OZ)잡이든 열심히 외국에서 번 돈을 카지노에서 다 날리고 날마다 한국인들과 밤새 어울려 소주 마시면서 주당 몇백 불씩 날리는 생활을 반복적으로 하지 않았으면 한다. 호주에 왔다면 한국에서도 할 수 있는 일들이 아닌 호주에서밖에 할 수 없는 일들을 경험해보라고 말하고 싶다. 나는 '불가능'과 '포기'를 생각하기 이전에 조금 더 노력하고 발품을 팔아서 더욱 다양한 경험하는 기회를 만든다면 젊은 시절의 1년이란 시간이 결코 시간낭비는 아니라고 생각한다. 워킹홀리데이를 준비하시는 분들이나 혹은 지금도 호주에서 열심히 일하시는 분들도 나의 페루 친구가 해주었던 말을 마음에 새기면서 호주에서 도전한다면 더 멋진 기회의 창이 열릴 것이다.

호주이민 준비되어 있는가?

호주가 좋아 호주이민을 가는 걸까? 아니면 한국이 싫어서 호주이민을 가는 걸까?
우리가 알고 있는 것이 호주의 현실일까? 아니면 이방인의 입장에서 바라본 호주일까?

13

호주 내 차별금지법을 아는가?

2013년 11월 반은지 양이 백인에게 무참하게 살해당한 사건이 일어났다. 그 사건의 여파로 인해 호주 내 백호주의가 심하다는 편견을 가진 사람들이 많이 있다. 호주 내 백호주의가 있느냐 없느냐라는 질문에 필자는 호주사회 속 백호주의는 있다고 답하겠다. 하지만 호주 내 백호주의로 인해 많은 불편을 겪느냐라는 질문에는 부정의 의사를 밝힌다.

호주는 이민자 나라다. 그리고 그에 따라 차별금지법이 법안으로 채택되었다. 호주의 차별금지법은 어느 누구라도 인종, 성별, 결혼 여부, 종교, 신체적 결함 때문에 차별받는 것을 방지하는 법이다. 물론 이런 법안이 있다는 것 자체가 기존 백호주의로 인한 사회문제가 대두되었기에 가능했다.

한국에서는 빈부격차에 따른 차별은 있어도 인종차별은 없다. 반면 호주는 빈부격차에 따른 차별은 상대적으로 한국에 비해 덜하지만 한국에 없는 인종차별이 있다. 실제 호주이민을 생각하던 한 교수님이 길을 지나다 백인들에게 계란을 맞았다. 계란을 맞고 난 후 충격에 빠져 이민을 포기하고 한국으로 다시 돌아간 경우가 있었다. 평화로운 삶을 살기 위해 호주이민의 문을 두드렸지만 한국에서 전혀 생각하지 못한 인종차별로 인해 정신적 충격을 받은 것이다.

앞서 언급했지만 호주는 지상낙원이 아니라 좋은 놈, 나쁜 놈, 이상한 놈이 존재하는 인간이 사는 나라이다. 호주를 백과사전식으로 평화로운 나라라고 평하지 말고 백호주의가 강한 나라라고 평가하지 말아야 호주를 현실적으로 바라보는 눈이 생긴다.

벽난로의 낭만 그리고 전기세의 공포

 뭔가 빡빡하고 답답하기만 한 아파트와 같은 주거공간에서 벗어나 호주전원주택의 삶을 선택한 사람들. 그리고 전원주택 내 필수적으로 설치되어 있는 벽난로를 보며 전원주택의 낭만을 꿈꾼다. 그런데 변수가 생긴다. 어느 순간부터 장작을 사거나 혹은 장작을 직접 구하려 다닐 수밖에 없는 현실을 깨닫게 된다. 호주 전원주택에서는 우리나라 사람들이 생각할 때는 낭만으로 보이는 벽난로가 존재한다. 하지만 벽난로는 대부분의 호주인들에게 은박지를 씌워 고구마와 감자를 구워먹는 그런 낭만의 용도가 아니다.

살인적인 전기세를 그나마 줄일 수 있는 용도로 쓰이는 것이 벽난로인 것이다. 물론 처음부터 벽난로가 그런 용도로 쓰인 것은 아니다. 하지만 어느 순간부터 호주전기세가 천정부지로 올라가더니 2017년 7월부로 전 세계 전기세 1위라는 불명예를 획득하게 된다.

호주의 전기세는 1년을 4분기로 3개월마다 납부한다. 한국에서는 한전에서 모두 공급해주기 때문에 저렴(?)하게 전기사용이 가능하지만 호주는 사기업에서 전기를 공급해주기 때문에 한국에서 전기 사용하듯이 썼다가는 전기요금 폭탄에 뒷목 잡기 십상이다.

호주 내 외식업체들 중에서 해장국집이 인기 있는 이유가 호주 전기요금이라는 농담 반 진담 반 이야기도 있다.

워홀러 신분 때는 전기세가 포함된 금액의 방값을 내고 사는 경우가 대부분이다. 하지만 영주권을 취득하고 난 다음부터는 전기세를 걱정해야 되는 집주인이 되는 경우가 대부분이다.

전원주택의 삶을 낭만으로 보지 않고 현실적으로 바라볼 때 호주영주권 취득 후의 삶이 보인다.

여행의 설렘 그리고 현실

서울사람이 부산여행을 가면 모든 것이 신기하고 좋기만 하다. 이와 함께 부산사람이 서울여행을 오면 서울사람이 부산에서 느끼는 여행의 설렘을 느낀다. 국내여행도 이런 감정이 드는데, 반나절을 걸려 가는 호주를 여행했을 때 느끼는 설렘은 국내여행과는 비교불가다. 호주이민을 준비하는 사람들의 대부분이 여행자의 감정으로 호주이민을 선택하고 있다.

여행은 왜 행복할까? 여행이 행복한 것은 잠시 고단한 일상을 벗어나 자유를 만끽할 수 있기 때문이다. 호주워킹 후 이민을 선택하는 젊은이들이 늘어나고 있다. 하지만 안타깝게도 거의 대부분 여행에서 느끼는 설렘의 감정으로 호주이민을 선택한다.

이미 호주생활을 호주워킹 경험을 통해서 알고 있다고?

비자연장을 통해 토털 2년 동안 호주에 있었기 때문에 호주의 현실을 잘 알고 있다고?

아니다. 그런 경험은 여행자의 경험일 뿐이다. 헬조선이라 말하며 한국을 떠나고 싶어 하는 사람들에 비해 한국방문 온 외국여행자들은 한국을 넘버 원 관광지라며 엄지손가락을 치켜세운다. 그 이유는 고단한 일상을 벗어나 한국으로 휴가 온 관광객이기 때문이다. 우리는 외국인관광객에게 말한다.

너희들이 우리나라 정치현실과 사회적 병폐를 안다면 좋은 나라라고 이야기하지 못할 거라고. 본인이 외국인 관광객에게 말하고 싶은 그 이야기가 필자가 여러분들에게 말하고 싶은 이야기다.

우리가 호주를 안다고 하지만 실제로 호주를 아는 것이 아니다. 우리가 호주를 알려면 호주정치를 알아야 되고 사회제도를 정확히 인지해야 된다. 지금 호주이민을 생각하는 사람들의 대부분은 여행자의 시선으로 바라본 설렘의 감정이다. 호주현실을 알고 있다고?

본인이 호주워킹을 경험하며 호주뉴스를 본 적이 있는가? 혹은 호주신문을 본 적이 있는가?

아니면 매일 아침 호주의 정치 경제 뉴스를 눈여겨보고 있는가?

혹시 내일 뭐 먹을까 혹은 이번 주말에 어디 여행갈까라는 여행자의 고민만 하지 않았는가? 전기세와 주택가격 그리고 시시각각 변하는 교육정책, 노동정책에 민감한 반응을 보이는 현지인들의 감정을 느낄 때 호주이민의 환상은 사라지고 현실이 보인다.

7월 1일 그리고 영주권학과

매년 7월 1일이 되면 정기적으로 호주이민성에서 이민신청 가능 직업군 리스트와 함께 이민조건 등에 관한 법을 개정해서 발표한다. 그리고 매년 이맘때쯤이면 어김없이 호주이민을 생각하는 사람들의 한숨소리가 호주전역을 뒤덮는다.

2017년 7월 1일 호주이민성 발표에 따른 호주기술이민과 취업이민에 따른 직업군리스트 공개는 호주이민을 생각하는 사람들에게 절망감을 안겼다. 올해 상반기에서부터 루머처럼 흘러나오던 호주이민이 어려워진다는 이야기가 현실화된 순간 호주 내 이사업체가 호황을 이뤘다는 이야기가 많다. 호주이민을 포기하고 많은 사람들이 한국으로 다시 돌아갔다는 이야기다.

영주권학과라 홍보하며 학생 모객을 했던 유학원들은 어느새 이전 영주권학과 정보를 삭제하고 또 다른 직업군리스트에 따른 영주권학과를 모집하고 있다.

2017년만 유독 이민법이 강화되어 이런 현상이 벌어졌을까? 아니다. 이미 이전부터 영주권학과로 유망하다 하여 사람들이 가위를 잡았고, 빵을 구웠다. 그리고 몇 년이 지나지 않아 이민신청 가능 직업군 리스트에 빠졌고 그들은 오도 가도 못하는 상황이 되었다. 2017년 7월 1일 한층 더 이민법이 강화되었을 뿐 현실은 대동소이하다. 사실 이민법이 점점 어려워질 것이라는 것은 예측이 가능했었다. 전 세계는 점점 우경화되어가며 자국민 위주로 돌아가고 있고 호주뿐만 아니라 이민자 국가라 말하는 선진국 국가들은 이민빗장을 닫아버렸기 때문이다.

영주권학과로 본인의 적성하고는 전혀 맞지 않는 공부를 하기보다는 본인이 좋아해서 그 분야 전문인이 되겠다는 각오로 대학진학 및 기술대학에 진학하길 바란다. 호주가 아니더라도 다른 나라로 스카우트되는 글로벌 인재로 거듭나는 것이 본인의 미래를 위해서 현명한 선택이다.

매년 7월 1일 이민법의 강화에 따라 일희일비하는 그런 현상이 더 이상 벌어지지 않기를 바란다.

호주이민 사기에 대처하는 방법?

 호주이민이 어려워지면 어려워질수록 배를 불리는 업체가 있다. 그곳은 이민을 준비하는 한 사람 한 사람을 고객으로 알기보다는 돈으로 아는 악덕기업이다. 그리고 절실하면 절실할수록 사기당하는 경우가 많다. 말 그대로 호주이민이 아니면 내 삶은 끝났다고 생각될 정도로 호주이민에 모든 인생을 거는 사람들. 그런 사람들을 흔히 호주이민 불치병환자라고 말한다.

해외이주공사 10군데 회사 중 8군데 이상 이민이 어렵다고 하면, 그 케이스는 안 된다고 보는 것이 맞다.

해외이주공사는 영주권 시민권을 취득하는 것에 따른 수수료를 받는 곳이다. 그런 곳 중 80~90%가 안 된다고 말한다면 힘들다고 보는 것이 맞다. 하지만 불치병환자는 그런 이야기가 들릴 리 만무하다. 불치병을 가진 환자는 임종을 준비하라고 말하는 의사를 되레 돌팔이의사라 평한다. 그리고 내 말만 들으면 불치병을 치유할 수 있다며 돈을 요구하는 사기꾼의 말은 절대 신뢰한다.

실제로 거의 대부분의 이민사기는 이런 절실한 사람들이 많이 당한다. 그리고 아이러니하게도 본인 스스로 사기꾼을 찾아가 돈을 내가며 잘 부탁한다는 인사까지 한다는 점이다.

한인포털사이트에 묻지도 따지지도 않고 호주이민 가능하다는 식의 이야기만 주구장창 올리면 하루에도 몇 명이 돈을 들고 찾는다. 실제 호주 내 그런 악성종자 같은 사기꾼들 즐비하다. 어처구니가 없는 점은 사기인지 알면서도 인터넷이나 책에도 그 업체명과 사기꾼을 고지 못한다는 사실이다. 호주 국영방송에서조차 한국인 이민 사기꾼을 기획보도할 정도로 악명이 넘치는 인물이지만 아직까지도 그는 쓸어 모은다고 할 정도로 돈을 벌고 있다. 그리고 자신을 사기꾼으로 보도한 국영방송을 상대로 소송을 준비 중이라는 이야기까지 들린다.

그에게 이민사기를 당한 사람이 되레 명예훼손과 영업방해죄로 법정에서는 어처구니없는 일도 벌어졌다.

호주이민 사기에 대처하는 방법은 본인 스스로 조심하는 방법밖에는 없다. 실제로 사기꾼의 대부분은 호주이민을 정도로 받는 것이 아닌 편법 혹은 불법으로 호주이민을 받는 방법을 제시하는 것이 대부분이다. 그리고 다른 이주업체들이 불법이기 때문에 안하는 행동을 그들은 자신만이 알고 있는 비결이며 능력이라며 과시한다.

참고로 호주영주권을 사기꾼의 방법대로 취득했다가 불법이라는 것이 들통 나 강제 추방된 케이스도 있다.

호주이민을 준비할 때 절대로 호주이민 불치병에 걸린 사람이 되지 마라. 이성적 사고가 마비되어 사기꾼의 이야기에 현혹되어 사기에 휘말릴 수도 있다는 점을 명심하기를 바란다.

호주가 행복한 이유?
한국이 불행한 이유?

 전체적으로 호주에 있는 한인들의 모습을 보고 있으면 한국에 있는 사람들보다 여유가 넘친다. 호주가 평화롭고 일이 편해서? 그런 것은 아니다. 노동시간만을 따지고 보면 한국보다 더 빡세게 일을 하는 사람들 굉장히 많다.

호주에서 한인들이 행복한 이유는 사회의 시선에서 해방되었기 때문이다. 필자도 한국을 사랑하는 1인이지만 이상하리만치 한국에 있으면 항시 마음이 불편하다.

그 이유는 나를 훈장질하는 사회의 시선 탓이 크기 때문이다.

"너 이제 40살이 가까운데 결혼 안하니?"

"너 이 정도 돈 벌어서는 여자 못 만나."

"너도 이제 정착하고 좋은 직장 잡아야지."

필자가 호주에서 청소를 하면서 혹은 농장 일을 하면서 행복했던 이유는 다른 것이 아니라 어떤 일을 해도 누구 하나 훈장질하는 시선이 없다는 점이다. 사실상 호주에 거주하기 때문에 행복한 것이 아니라 한국사회의 시선이 우리를 불편하게 만들고 불행하게 만들었던 것이다.

호주에서는 3D일이 없다. 3D일이 없는 것이 아니라 그렇게 드러내놓고 직업을 카스트 제도처럼 나뉘는 시선이 없다.

사실상 한국에서 1등급 직업이라 말하는 직업군에 종사하지 않는 사람은 항시 뒤떨어진 사람으로 분류되는 것이다. 그리고 3D일을 하는 사람은 마치 하층민 대하듯 갑을병정 사회가 존재하는 것이 한국사회다. 그렇기에 뒤처지면 사회적 시선에 스트레스 받고 불행한 것이다.

호주에 가면 사회적 시선에 동참했던 본인의 마음을 접어야 된다.

호주에서는 3D일은 없다. 오롯이 한 사람 한 사람의 어엿한 직장인 것이다. 한국에서처럼 직업에 따라 달리 보는 시선을 가진다면 호주영주권을 취득한다 한들 행복하지 않다.

갑을사회에 지친 사람들이라면 본인 스스로 갑질의 시선으로 직업의 경중을 따지지 말아야 호주에 가서도 행복하다. 호주이기 때문에 행복한 것이 아니라 사회적 시선에 자유로워졌기에 행복한 것이다.

30년의 한국생활 그리고 이방인의 삶

2005년 10월 호주워킹홀리데이를 경험하고 난 후 나는 나도 모르게 혐한 정서를 가진 젊은이가 되어 있었다. 명문대학을 나오지 않으면 혹은 금수저로 태어나지 않으면 성공하지 못하는 헬조선과 보통사람도 행복할 권리가 있는 나라라는 이분법의 시선으로 호주와 한국을 바라봤다.

그렇게 나는 호주이민을 준비했다. 그리고 영어공부를 위해 필리핀과 말레이시아에서 약 4년 가까운 시간을 보냈다. 그리고 그 기간 중 세컨드비자로 2012년 호주를 다시 1년 갔다 왔다.

첫 호주워킹홀리데이를 갔다 왔을 당시 가장 좋은 나라가 어디냐는 질문에 나는 호주라고 답했었다. 그리고 영어공부를 위해 필리핀을 갔을 때 그 질문의 답은 필리핀으로 바뀌었다. 이후 말레이시아에 거주했을 때는 또 다시 답이 바뀌었다. 그리고 현재 나한테 맞는 나라는 대한민국이다.

첫 호주워킹홀리데이를 왔었을 때 나는 지쳐 있었다. 쉼 없이 남과 경쟁하며 살아야 되는 경마장사회를 벗어나고 싶은 경주마였다. 그러다보니 호주의 삶이 행복하게만 보였다. 앞만 보고 달리라고 가림막을 하던 경마장에서 벗어난 경주마. 그런데 그런 삶을 살았던 경주마가 나중에는 외로움을 느꼈다.

30년 평생 경주마의 삶을 살며 힘들지만 서로 불평불만을 이야기하며 술 한잔 권할 수 있는 친구가 없었던 것이다. 그리고 가족이 없는 것이다.

임시적으로 만든 영어이름 데이빗이라는 이름을 쓰며 다닌 해외생활 속 30년 쓰던 내 이름 강태호는 잊어져 갔다. 가족이라 불릴 정도로 절친한 호주인 친구들도 있었다. 하지만 살아온 삶이 다른 탓에 서로가 느끼는 문화적 간극은 좁혀질 수 없었다.

호주이민의 삶이란 현재 본인이 살아온 삶의 인연을 정리하고 제2의 삶을 사는 것을 말한다. 아무리 전 세계가 일일생활권이라 하더라도 호주이민을 오는 순간 한국에서의 인연은 멀어질 수밖에 없다. 오롯이 호주이민을 오면 행복직행 티켓을 딸 수 있는 것이 아니다.

'어떻게 살아야 행복한가?'라는 행복조건의 질문이 어느새 우리나라에서는 '어디에서 살아야 행복한가?'라는 질문으로 변질되었다.

세계에서 살기 좋은 나라와 도시에 거주하면 우리는 행복할까?

호주이민을 생각하기 전 '나에게 행복은 무엇일까?'라는 질문에 답을 먼저 찾아보길 바란다.

워킹홀리데이 비자 완전분석

부록

2013년 11월 비극적인 사건이 일어났다. 호주에 온 지 6주 밖에 안 된 여대생 반은지 학생이 브리즈번에서 새벽 청소 일을 하러 가던 중 묻지마 폭행을 당해 무참히 살해되는 사건이 일어난 것이다. 이 사건의 충격이 가시기도 전에 또 다시 같은 한국인에 이어 20대 한국인 남성이 호주달러 직거래를 하다 살해당하는 사건이 벌어졌다.

이에 워킹홀리데이비자에 관한 전면전인 검토가 필요하다는 목소리가 점차 커지고 있다. 그렇다면 왜 유독 호주워킹홀리데이 비자가 많은 사건사고가 일어나는지에 대해서 호주워킹비자내용을 집중분석하도록 하자.

1 호주워킹홀리데이로 영어정복이 가능하다?

현재 호주워킹홀리데이를 준비하는 사람들 중 워킹홀리데이 법을 제대로 알고 있는 사람이 과연 몇이나 될까? 필자가 추측하건대 10명 중 8명이 단순히 인터넷에 나와 있는 워킹홀리데이 비자 스스로 신청하기라는 검색을 통해 워킹법의 실정을 모른 채 비자를 신청하고 호주를 떠나고 있는 것이 현실이다. 실제로 호주워킹홀리데이를 떠나는 대학생들의 목표가 영어정복인 경우가 대부분을 차지하고 있는 현실이지만 실질적으로 호주워킹 법에는 15만 원 신체검사를 받는다고 하더라도 17주 이상 공부를 하지 못하도록 하고 있다.

비자내용 중 다음 내용이 있다.

I understand that the visa I am applying for does not permit me to undertake studies or training for more than 4months. (나는 4개월 이상 학교를 다니지 않을 것이다.)

원어민 국가에서 외국인 친구들을 사귀면서 영어를 자연스럽게 배우고 싶다는 학생들의 바람과는 다르게 실생활에서 혹은 일터에서 쓰는 영어는 한계가 있다.

지금 현재 워홀러들의 대부분은 이태원의 외국인이 되어온다. 호주워킹 1년 그리고 세컨드 비자까지 발급받고 2년을 외국생활을 하고 왔다고 가정해보자. 그 기간 동안 단순히 Hey, men! what's up? 식의 생활영어만 숙달되어 오는 한국인을 좋아할 기업이 있을까? 우리는 현재 자본주의사회에 살고 있다. 자본주의 사회는 경쟁사회다. 더더군다나 한국은 그 중에서 경쟁이 심한 사회다. 호주워킹홀리데이 1년을 가면 그에 따른 영어점수, 2년을 갔다 오면 그 기간에 따른 학위를 따 가지고 와야 된다.

10명 중 8명이 영어정복을 못하고 돌아온다. 그 사람들을 어머니의 마음으로 따뜻하게 반겨주는 사회가 아니라는 것은 대부분 호주워킹을 도전하는 사람들은 잘 알 것이다.

물론 호주워킹홀리데이를 통해 영어정복을 하고 왔다는 사람이 있다. 그 사람은 두 가지 케이스다. 영어를 기본적으로 다른 나라에서 연수를 통해서 소통하는 데 문제없는 경우와 설익은 영어 실력 가지고 영어정복이 되었다고 생각하는 경우다.

기억하자! 워킹홀리데이 비자가 영어공부가 목적이라면 WORKING+HOLIDAY라는 원어명이 아닌 STUDY라는 명칭이 추가적으로 붙어야 된다는 것을…….

2 호주취업 절대 불가능한 일이 아니다?

호주워킹비자 내용을 살펴보면 다음 문구가 있다. 그 문구의 내용은 다음과 같다.
I understand that the visa I am applying for does not permit me to be employed in Austraila with one employer for more than 6months. (나는 한 고용주 밑에서 6개월 이상 일을 하지 않을 것이다.)
한 고용주 밑에서 6개월 일을 못하는 것이 호주워킹법이다. 그런데 현재 인터넷 상에는 호주취업이라는 식으로 취업의 정의를 달리 해석하고 있다. 한국에서 인턴에 들어가려면 얼마나 많은 서류를 준비하고 경쟁을 해야 되는가? 하지만 한국어가 아닌 영어를 쓰는 호주에서 호주취업이 가능하다고 말한다. 그런데 그 일은 6개월밖에 일을 못한다. 그것이 취업일까? 그것은 취업도 아니고 그렇다고 우리가 일반적으로 생각하는 인턴도 아니다. 그냥 아르바이트다. 해외취업 형식으로 호주워킹홀리데이를 가는 사람들은 이 현실을 전혀 인지 못하고 있다.
실제 호주워킹홀리데이 비자 내용만 제대로 인지하더라도 호주워킹홀리데이 문제의 반을 해결할 수 있다.

3 호주워킹홀리데이로 돈을 벌겠다?

호주워킹홀리데이로 돈을 벌겠다는 목표를 제1목표로 삼는 학생들이 많다. 하지만 이 역시 워킹홀리데이 제도 자체를 이해하지 못한 것이다. 호주워킹 비자에는 다음과 같은 내용이 있다.

Any employment is incidental to my holiday in Australia and the purpose of working is to supplement my holidayfunds. (일은 여행자금을 보충하기 위한 부수적인 것이다.)

위의 내용과 같이 워킹홀리데이 법은 일이 주된 목적이기는 하지만 그것을 통해서 외화벌이를 하는 것을 경계하고 있다. 실제 위 내용과 함께 다음 내용도 우리는 참조해야 된다.

I have sufficient funds for the initial period of my stay in Australia and for the fare to my intended overseas destination on leaving Australia. (나는 호주에 가서 생활할 초기자금과 왕복항공권을 살 만한 충분한 재정능력을 갖추고 있다.)

실질적으로 학생들에게 기본적으로 생활이 가능한 정도의 자본금을 갖추고 오라는 뜻이다. 하지만 현재 대부분 맨 땅에 헤딩하는 식으로 아무런 준비 없이 호주워킹홀리데이를 가고 있다. 그러다보니 그 학생들은 하루 한 끼 제대로 먹지도 못하고 평균적으로 5kg에서 많게는 10kg 이상 감량이 된다. 다이어트가 아닌 제대로 된 영양가 있는 음식을 섭취하지 못해서다.
호주워킹홀리데이 비자는 비자 내용을 보면 알다시피 돈을 벌기 위해 만들어진 비자가 아니며 공부를 위한 학생비자도 아니다. 호주워킹홀리데이 비자는 문화체험 비자라는 점을 기억해야 된다.

4 왜 유독 호주 내 한국인에 의한 사건이 일어나는가?

호주워킹 비자 질문 중 모든 질문에 NO라고 대답하는 영역이 있다. 그 내용은 바로 범죄경력을 묻는 질문이다.

Have you ever been convicted of a crime or offence in any country? (범죄경력이 있는가?)
If Yes, please give details. (있다면 자세히 적어라.)

이 질문에 대한 답은 모두 No다. 워킹홀리데이 비자를 받는 방법은 사실적인 답이 아닌 비자승인을 위한 답만 해주는 것이다.

실질적으로 호주 내 한국인에 의한 사건이 많이 일어나는 이유가 바로 이 부분이다. 아무리 중범죄를 저지른 사람도 혹은 매매춘에 연루가 되어 있는 사람도 호주에 갈 수 있다는 점이다. 실제 필자가 호주유학원 재직 당시 한 무리의 윤락여성들이 단체로 워킹비자를 신청해달라고 온 적이 있었다. 그 당시 손사래를 치며 거절했지만 그들은 주변 강남 내 다른 유학원에 가서 신청수수료를 내며 워킹비자를 습득했다고 한다. 실제 호주워킹홀리데이 비자가 온라인상으로 10분 이내에 승인이 가능하다는 점과 호주 내 매춘이 합법이라는 이야기를 듣고 한국이 아닌 호주에서 매춘을 하기 위해 워킹비자를 취득한 것이다. 이렇게 호주워킹비자가 유독 문제가 생기는 것은 비자 자체를 온라인으로 신청하기 때문이라는 시각이 지배적이다.

실제 호주 범죄경력 부분은 따로 확인절차 없이 본인이 클릭하는 것에 따라 심각한 범죄자들 역시 호주워킹비자를 받아 입국이 가능하다. 실제 2013년 호주달러를 직거래하려던 남학생을 살해하고 암매장했던 피의자가 실제로 한국에서도 사건사고를 일으켰던 전과자였다는 사실은 호주워킹비자가 온라인 비자이기 때문에 문제가 될 수 있다는 반증이기도 하다.

5. 워킹비자 신청하는 순간부터 우리는 거짓을 말하고 있다?

호주워킹 비자 신청하는 말미에는 앞서서 범죄경력에 대해서 NO라고 답해야 되는 것과 대조적으로 모든 질문 영역에 YES라고 체크해야 되는 질문영역이 있다. 그것은 워킹비자를 제대로 숙지했는가? 에 대한 질문영역이다.

I have read and understand the information provided to me at the beginning of application. I am aware of the conditions that will apply to my visa and that I am required to abide by them. (나는 비자 신청과 관련된 모든 정보를 다 읽었으며, 비자 조건을 숙지하고 있다.)

이 질문을 필두로 워킹비자 내용을 다시 확인하는 대목이 나온다. 그리고 그에 따라 인지했는가에 대한 답을 요한다.
첫 질문부터 우리는 YES, NO 매뉴얼대로 신청한 자신을 발견해야 되지만 거의 대부분은 그 부분을 넘어가고 이 역시도 YES 매뉴얼로 답해나간다. 이와 같이 우리는 호주워킹비자 승인을 받기 위해 거짓을 답하고 있다.
자신이 어떤 조건으로 호주를 가는지 모르는 사람이 어떻게 호주워킹을 제대로 하고 올 수 있을까? 2014년 현재 영국 YMS(청년교류제도) 포함하여 20개국과 워킹협약을 맺고 있지만 유독 호주워킹 홀리데이에 70퍼센트 가량 몰리는 현상과 사고가 많이 일어나는 현상. 단순히 호주가 좋아서일까? 이제 더 이상의 피해자가 발생하지 않도록 뭔가 조치가 필요하다. 2014년 들어 안전 불감증으로 인해 사건사고가 많은 대한민국. 언제까지 소 잃고 외양간 고치는 모습으로 호주워킹 문제를 다룰 것인가?
연일 벌어지고 있는 호주 내 사건사고들은 사전에 충분히 인지가 되었다면 일어나지 않을 수 있는 인재 형 사고다. 더 이상 故 반은지 양 사건 같은 끔찍한 사고가 일어나지 않기를 바란다.

6 호주워킹 생활 중 꼭 알아둬야 할 긴급연락처

주호주대사관(Embassy of the Republic of Korea in Austalia)
+61(국가번호) 2 6270 4100

주시드니 총영사관(Consulate-General of the Republic of Korea in Sydney)
+61(국가번호) 2 9210 0200

응급조치 상황일 때
- 경찰: 전화 000(경찰 도움이 필요할 때: 131444)
- 화재 시: 전화 000
- 긴급의료기관 요청: 전화 000
- 앰뷸런스 요청: 전화 000
- 전화고장 시: 전화 1100

해외안전지킴이 영사콜센터
24시간 연중무휴
국내 02-3210-0404
해외 무료: 현지국가코드: +800-2100-0404
　　　유료: 현지국가코드: +822-2100-0404

임금체벌 조정, 보증금분쟁 조정, 소비자 구제 신청(Fair Work Ombudsman)
홈페이지: http://www.fairwork.gov.au
전화번호: 13 13 94(영어), 131 450(한국어 서비스)

지역별 한인회

- 시드니 02-9798-8800
- 퀸스랜드 07-3393-0024
- 골드코스트 0444-513-782
- 캔버라 0430-096-401
- 애들레이드(남호주) 08-8373-0497
- 빅토리아 03-9886-6465
- 퍼스(서호주) 08-9358-6077
- 타즈매니아(한인회 미결성) 03-6223-7292(제일교회: 강기원 목사님)

무료 법률 상담: 03-9642-0100, 02-8078-4608
E-mail: koreanlegalservice@gmail.com
시간: 매달 첫째 화요일, 18:30~21:30
장소: 주시드니 대한민국 총영사관 민원실
Level 13. St James Center, 111Elizabeth St. Sydney NSW2000
상담 분야: 경미한 형사사건, 벌금, 자동차사고, 고용법, 소비자불만, 차별, 범죄피해자 보상
(상담 예약을 하지 않을 시 상담 불가)